U0930806

雅安出土汉砖拓片

政协雅安市委员会◎编

巴蜀书社

图书在版编目（CIP）数据

瓦甓道在：雅安出土汉砖拓片 / 政协雅安市委员会编. —成都：巴蜀书社, 2020.2

ISBN 978-7-5531-1260-2

Ⅰ. ①瓦… Ⅱ. ①政… Ⅲ. ①古砖—拓本—雅安—汉代-图集 Ⅳ. ①K876.32

中国版本图书馆CIP数据核字(2019)第293757号

WAPI DAO ZAI YA'AN CHUTU HANZHUAN TAPIAN

瓦甓道在——雅安出土汉砖拓片

政协雅安市委员会◎编

责任编辑	谭晓红
出　　版	巴蜀书社
	成都市槐树街2号　邮编：610031
	总编室电话：（028）86259397
网　　址	www.bsbook.com
发　　行	巴蜀书社
	发行科电话：（028）86259422　86259423
经　　销	新华书店
印　　刷	四川胜翔数码印务设计有限公司
排　　版	四川胜翔数码印务设计有限公司
版　　次	2020年2月第1版
印　　次	2020年2月第1次印刷
成品尺寸	210mm × 285mm
印　　张	12
字　　数	120千
书　　号	ISBN 978-7-5531-1260-2
定　　价	188.00元

序

雅安是四川盆地进入康巴和西藏的咽喉，大渡河、青衣江南北两大流域孕育繁衍着这方文化，在南部有著名的旧石器时期的“富林文化遗址”，在北部有新石器时期的“沙溪遗址”。雅安先秦时代就已纳入中央政府管辖，秦以后有雅州、黎州治所，民国时期为西康省驻军重镇及经济文化中心，中华人民共和国成立初期为西康省省会所在地。

雅安的两汉历史文化底蕴尤为丰厚，被史学家誉为“汉代文物之乡”。第一批全国重点文物保护单位雅安高颐阙是我国汉代建筑的实证，也是研究汉代官职、艺术、宗教、社会生活的重要实物史料；2000年芦山县城南街发现的汉代城门遗址被著名考古学家俞伟超先生誉为“中国第一城门”；荥经县何君尊楗阁刻石的发现更是证明了汉代“南方丝绸之路”途经雅安的历史事实；芦山县是我国汉代大型石兽最为集中之地。雅安境内汉代地面文物以高颐阙和樊敏碑两处全国重点文物保护单位的汉代石刻为代表；地下则以省保单位王晖石棺为代表，棺壁的浮雕图案及35个记事文字受到郭沫若连续题咏和高度赞扬；而地下其他汉代文物则以墓葬出土的陶器、铁器、铜器、钱币等器物以及建造墓室所用的青砖为代表，尤以数量巨大、带有图案和文字的画像砖为典型。

画像砖是古代用拍印或模印的方法制成，用于砖室墓结构和装饰。画像砖最早出现于战国晚期，至东汉中晚期开始盛行，而画像砖一词则最早见于清代张艺堂的《金石契》一书。画像砖按照其形制来说，分为方砖、条砖等多种形制，以内容题材则划分为画像砖、纪年砖、铭文砖、钱币纹砖和几何图纹砖等。随着20世纪城乡基本建设的开展及21世纪大规模的水电资源开发，大量的汉代墓葬在本地区被发现，而砖室墓就是其中的重要组成部分，我们拓印的所有汉代画像砖就出土于这些汉代砖室墓。

雅安汉代砖室墓在各区县都有分布，其中以芦山、汉源、宝兴、荥经四县最为集中。

就雅安发现的汉砖来说，通过第一次全国可移动文物普查，雅安市文博收藏单位现有馆藏汉砖2500余件，而民间收藏更多。其中的画像砖以条形几何图纹砖为主，宝兴县出土有相当数量的反映社会生产生活内容的条形画像砖。形制上来说，以梯形砖和长方形砖为主，梯形砖用于墓室顶部券拱，条形砖多数用于墓墙，重量均在7至15千克不等。制作原料均为当地粘土，土窑木材烧制，成品为青色，俗称青砖。这些画像砖地方特色浓厚，艺术水平较高，具有极高的历史文化价值和重要的研究价值。

几何图纹画像砖中网格纹、菱形纹、折线纹、柿蒂纹、叶脉纹和车轮纹等都有发现，另有少量的云纹、水波纹、乳钉纹、符号纹和钱币纹等，还有两种或多种纹饰组合而成的画像砖。网格纹等直线纹饰画像砖多在墓室中起装饰作用，而柿蒂纹则寓意事事如意，这也是汉代最为流行的纹饰。钱币纹也是出土画像砖中比较常见的纹样，雅安出土的钱币纹砖有钱范纹、五铢纹以及布币纹与其他纹样的组合，反映了汉代社会经济繁荣的景象和当时人们普遍的思想状态。

文字画像砖以纪年砖和吉语砖为主。其中又以纪年文字砖占多数，这种纪年文字砖现有30余件，多为东汉中晚期，砖上的文字皆为模印阳文，单行竖排，个别为双行竖排或兼有图案装饰。文字在砖体一侧的棱面上，一般长17至29厘米，宽5至8厘米，部分有边栏。这种砖的纪年最早为东汉明帝永平十年（公元67年），晚至灵帝中平二年（公元185年），而且90%集中在永平十七年（公元74年）到永和二年（公元137年）的60年间，说明这段时间是雅安地区盛行制作纪年砖的时期，同时也说明雅安在这一时期同其他地区一样，社会经济得到了充分的发展。纪年文字以隶书和篆隶结合两种方式为主，反映出东汉时期篆书向隶书过渡的大趋势。吉语砖在其他地区发现不多，雅安出土的吉语砖有荥经的“千万岁”两件，均有边框，为模印阳文，三字竖排，印在砖体的棱面上，其一长20厘米，宽6厘米，其二长21.5厘米，宽7厘米，隶书。“安宅”砖，模印阳文，“安宅”二字在砖体的棱面中段，隶书，竖排，字呈长方形，长27.5厘米，宽6.5厘米。“后人长乐”吉语砖，四字竖排，隶书，长21厘米，宽8厘米。“万岁舍”吉语砖，三字竖排，隶书，中间有分栏，将“万”字与“岁舍”两字隔开，长27厘米，宽8厘米。其他的有代表性的吉语文字还有“利后子孙”“寿千万岁”“大利”“后世长乐、未央大德”等，且“后世长乐、未央大德”是雅安地区发现的唯一的双行竖排文字吉语砖。另外，发现的文字砖中还有“田土”砖、“子曰”砖和“王母”砖等较为特别。从这些文字砖上一方面可以看出当时人们的思想状态和生活现实，另一方面也反映了当时社会的书写状况，是制作工匠的一种艺术创造，对研究书写文字由篆书到隶书的转变和汉代书法艺术提供了重要的资料，同时也对后世篆刻艺术的发展有着深刻的影响。当然，部分文字及字意是我们的理解，不一定准确，有待考证。

反映社会生产生活的画像砖仅在宝兴一地有发现。刻画的图案有放牧图、狩猎图、兽斗图、建筑图等。这些画像砖的纹饰和内容地方特色浓厚，反映了当地游牧民族的生活场景，同时又兼具汉代画像砖的普遍特征，说明在东汉时期宝兴处于游牧民族和汉民族的结合地带，游牧文化和农耕文化在这里交汇，这种交汇生动地反映在墓葬习俗画像砖上。《牧牛》画像砖画面左边是一个戴帽穿裙的牧人，身后牵着一头昂首竖耳的猎犬，所牧牛种似为犏牛（牦牛与黄牛的杂交，宝兴现今饲养犏牛也很普遍，该牛不能役用，只能食用，即菜牛。由此，宝兴犏牛饲养的历史可以追溯至汉代），它们姿态各异，下面一排方格猜测为桥栏或者牛栏。全图为浅浮雕，是用印模压制在梯形砖的长棱一面，相对的短棱上为几何纹饰，砖长为30厘米，宽25厘米，厚7厘米，重9千克。整个画面布局匀称，人畜比例设置得当，更加注重写实刻画，形象生动，笔锋细腻。《狩猎》画像砖中画面左侧为一狩猎人，正张弓搭箭追逐一群奔逃的野兽，前面一只体型较小的野兽已经中箭倒地，上方有一方格带竖符号纹，猜测为“城”的代表符号，则画面可以解释为猎人在村寨或者城镇近郊狩猎，画面右方的房屋也是这种释义的进一步表达。整幅图为模印阳纹，线条简洁粗犷，重在写意，活泼生动，趣味盎然。但是，图中房屋为倒置，可以猜测为画面的各个组成部分并非出自一块模板，而是由几个模板组合印制而成。图案印制在梯形砖弧形短棱上，长棱面为素面。砖长47厘米，宽37.5厘米，厚10厘米，重15千克。《兽斗》画像砖中部为一栋斗拱双层阙，两侧带有饰纹，左侧为二马戏斗，右侧是猴群爬树，上方的回旋纹疑似为树的代表符号。最右侧横饰一人头像，脸圆，张嘴嬉笑，大概意为观看生动的马猴戏斗场面，也含“马上封侯”之意。画面长

35.5厘米，宽7.5厘米，印制在梯形砖的短棱上。

龙纹画像砖在芦山县有大量发现，这些画像砖中的龙纹动感十足，造型古拙，力感强烈。在汉代，人们相信龙是能够保佑平安、降福纳祥的瑞兽，龙纹画像砖出现在墓葬中也正是这种思想在墓葬制度中的反映，展现了汉代人对大自然的敬畏热爱和祈求吉祥平安的愿望。同时也说明，龙纹在汉代尚未上升到帝王、皇权图腾的地位，庶民百姓均可使用。类似的还有鱼纹、龟纹等画像砖，也同样反映了人们对祈求丰收和长寿安康的美好愿景。

雅安的汉代画像砖同成都平原的其他地区出土的汉代画像砖相比，虽然在数量、种类和精美程度等方面稍逊，但也呈现出独有的地方特色。这既反映了在汉代雅安处于中央政府统治边缘的汉族和少数民族交错地区，社会经济相对不发达，同时又强烈地受到中原文化的影响。总之，雅安汉代画像砖所反映出的文化内涵也是巴蜀地区文化状况在边疆地区的表现和诠释。表现出既有边区尤其是少数民族杂居地区的个性，也有那个时期流行的共性，有地方特色，也有中原文明，更是中原与边区文化交融的结晶。

将雅安汉砖图纹拓印成册，全市各区县文博工作者及政协同志付出了大量心血。省文物局姚德淳同志亲自组织拓印、编排、记载，省文化厅专家高文同志具体指导，雅安市博物馆李炳中同志在拓片组织、编辑、审查上精心操作，芦山县博物馆肖永耀、汉源县博物馆刘刚、宝兴县文馆所宋甘文、荥经县博物馆高峻刚等同志到发掘一线收集实物，在群众手中征集样本。历经三年余，《瓦甓道在》终于成书，相信对雅安的文化事业将有所助益。

杨承一

2019年10月

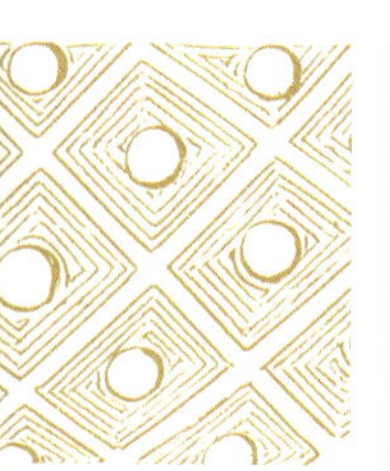

贺《瓦甓道在》出版

高文

在中华文明的历史进程中，秦汉时期创造了中华文明的新纪元，汉承秦制，在中华统一的基础上，又经历了400多年的休养生息，励精图治，真正地实现了民族大融合。在统一的多民族国家里，各民族共同奋斗，创造了灿烂的汉代文化。我们今天说的话称“汉语”，使用的文字叫“汉字”，可以说汉代文化精神是中华延绵的基础，长期支配着中国历史的发展方向。博大精深的汉代文化展现在雅安地区的，就是芦山县、汉源县、宝兴县、荥经县等地出土的汉代画像砖；荥经县发现的何君尊楗阁刻石和巴蜀印章；芦山县出土的王晖石棺；以及雨城区的高颐碑阙、芦山县的樊敏碑阙；宝兴县出土的青衣瓦当。因为雅安地处四川盆地和青藏高原的结合地带，古代遗存较多，自古以来就是民族文化走廊和南方丝绸之路上的重要门户。

汉代画像砖是我国传统文化的瑰宝，巴蜀汉代画像砖独树一帜。雅安地区汉代条形砖中的铭文砖、纪年砖、钱币纹砖、图纹砖是巴蜀地区出土最多者，其中东汉中晚期品种最多，按历史年号顺序排列有30余件年号砖。文字砖又称铭文砖，是汉代画像砖中一种特殊的类型，所铭记的吉语、人名、地名、年号是研究民俗文化的重要资料。纪年砖又称年号砖，是断代的重要依据，十分珍贵。钱币纹砖是汉代社会进步、经济发达、人们追求经济繁荣的实物例征。不要小看小小的一块条形砖，它蕴含了文献学、历史学、书法艺术等综合价值，历来受到重视，宋代洪适的《隶释》一书收录了东汉“永初”“建初”等五砖，赵明诚的《金石录》对汉砖也有著录。

近代陆增祥的《八琼室待访金石录》收录了汉砖170件，陆心源的《千甓亭古砖图释》收录汉砖43件。此外，端方的《陶斋藏砖记》，王昶《金石萃编》，邹安的《广仓砖录》，吕佺孙的《百砖考》，黄瑞的《台州砖录》，孙诒让的《温州古甓记》，罗振玉的《高昌砖录》以及现代曾祐生的《萃珍阁蜀砖集》，高文的《四川汉代画像砖》，高文、王锦生的《中国巴蜀汉代画像砖大全》，高文的《中国巴蜀新发现汉代画像砖》，杨絮飞、李国新的

《浙江画像砖品鉴》，胡海帆、杨燕的《中国古代砖刻铭文集》等，收录了大量汉代文字砖。

雅安地区的领导历来重视汉代文化的保护、管理、研究工作，并为之做出了积极的贡献。雅安市政协一直重视文化遗产的保护与宣传工作，并有意把这些拓片结集出版，以留存雅安丰富的汉代画像砖史料，为雅安文化旅游发展助力。为此，雅安市政协充分发挥文史资料研究工作职能，启动了此项工作。当时，雅安市文博机构已收藏有汉代画像砖2500多件，而民间收藏的汉代画像砖则更多。基于雅安是汉代文物之乡，各区县均有相当数量的汉砖出土，且特色鲜明，雅安市政协文史资料部门与雅安市博物馆继续收集其他区县的汉代画像砖拓片，以提升本书的学术质量，丰富题材内容，扩大本书的影响，更好地宣传雅安地区的汉代文化，助力雅安文化旅游发展。

今天，由雅安市政协组织编撰的《瓦𫆪道在——雅安出土汉砖拓片》出版，是一件好事，也是一件喜事，值得庆贺。雅安地区出土的汉代画像砖，是与雅安的历史、地理、政治、经济状况分不开的，也是与当地领导重视、广大文博工作者辛勤劳动分不开的。

特此致贺！

（高文，中国汉画学会副会长、中国文物学会理事、中国钱币学会副会长、四川省收藏家协会副会长）

题汉砖拓片

漢源縣古漢置沈黎郡、旄牛縣，建制於公元前[illegible]年，至今已有二千多年歷史。古旄牛道記錄着南方絲綢之路的悠久歲月。是冊傳拓漢源出土漢磚之花磚紋飾，有菱紋、錢紋、方格紋、雲紋、柿蒂紋等，形式生動鮮活、裝飾性強，有些樸實大方，對比調和平衡、有些則近同青銅紋樣，莊重勻稱，讓嵌於墓壁形成連續紋樣，蔚為壯觀。確為難得之裝飾藝術[illegible]佳本。

乙未秋於重山堂 純質李晟識。

李晟，字纯质，四川乐山人，男，1962年7月出生，四川大学艺术学院教授，博士，硕士研究生导师。

目录

CONTENTS

图纹砖

纪年砖

吉语砖

画像砖

钱币纹砖

符号砖

其他

附录

图纹砖

图一
砖　纹：乳钉、菱形窗
出土地：汉源
规　格：21cm × 10.5cm

图二
砖　纹：鱼骨架
出土地：汉源
规　格：24.5cm × 8cm

图三
砖　纹：双头鱼骨架
出土地：汉源
规　格：24cm × 8cm

图四

砖　纹：网格、回字窗

出土地：汉源

规　格：24cm × 8cm

图五

砖　纹：折线、网格

出土地：汉源

规　格：23.5cm × 7.5cm

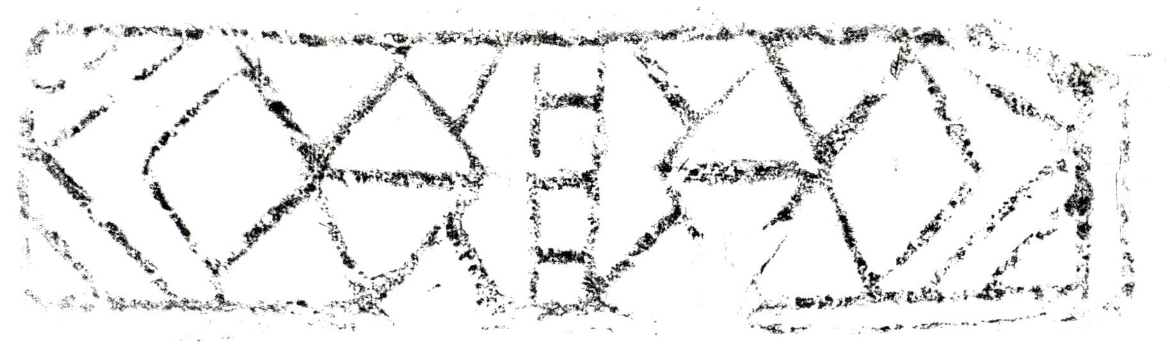

图六

砖　纹：菱形、折线
出土地：汉源
规　格：25.5cm × 7cm

图七

砖　纹：折线、网格
出土地：汉源
规　格：25cm × 6.5cm

图八
砖　纹：鱼骨架、乳钉
出土地：汉源
规　格：26cm × 7.5cm

图九
砖　纹：乳钉、连环回字
出土地：汉源
规　格：21.5cm × 6cm

图十
砖　纹：网格、十字窗
出土地：汉源
规　格：25.5cm × 8cm

图一一
砖　纹：鱼骨架、网格
出土地：汉源
规　格：24cm × 7.5cm

图一二
砖　纹：折线、网格
出土地：汉源
规　格：24.5cm × 6.5cm

图一三
砖　纹：乳钉窗、网格
出土地：汉源
规　格：24.5cm × 7cm

图一四

砖　纹：乳钉、十字、
　　　　米字、网格

出土地：汉源

规　格：23cm × 7cm

图一五

砖　纹：田字、菱形、乳钉

出土地：汉源

规　格：24cm × 6.5cm

图一六
砖　纹：折线、叶脉
出土地：汉源
规　格：22cm × 7cm

图一七
砖　纹：折线、十字
出土地：汉源
规　格：23cm × 7cm

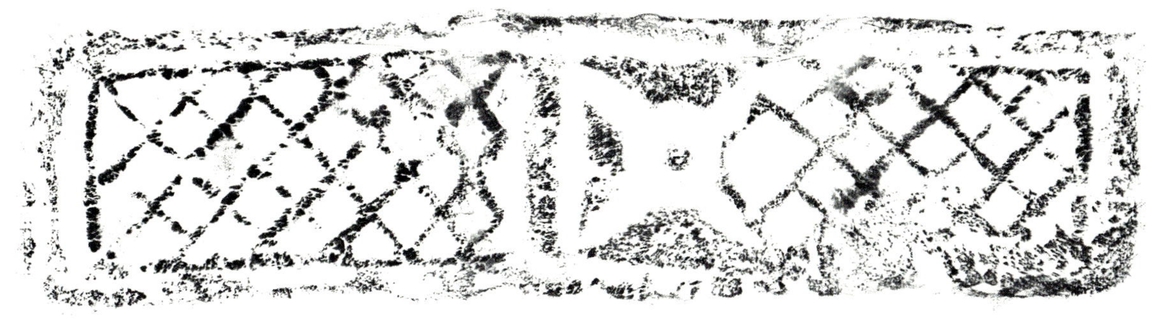

图一八
砖　纹：网格、柿蒂
出土地：汉源
规　格：32.5cm × 8.5cm

图一九
砖　纹：网格
出土地：汉源
规　格：26cm × 8.5cm

图二〇
砖　纹：折线、菱形
出土地：汉源
规　格：25cm × 7.5cm

图二一
砖　纹：乳钉、菱形、十字
出土地：汉源
规　格：27.5cm × 8cm

图二二
砖　纹：网格
出土地：汉源
规　格：22cm × 8cm

图二三
砖　纹：网格、十字
出土地：汉源
规　格：24cm × 8cm

图二四
砖 纹：方格
出土地：汉源
规 格：23cm × 7cm

图二五
砖 纹：网格、十字、弧线窗
出土地：汉源
规 格：24cm × 7.5cm

图二六

砖　纹：网格、乳钉

出土地：汉源

规　格：20.5cm × 7.5cm

图二七

砖　纹：乳钉、折线、网格

出土地：汉源

规　格：25cm × 8cm

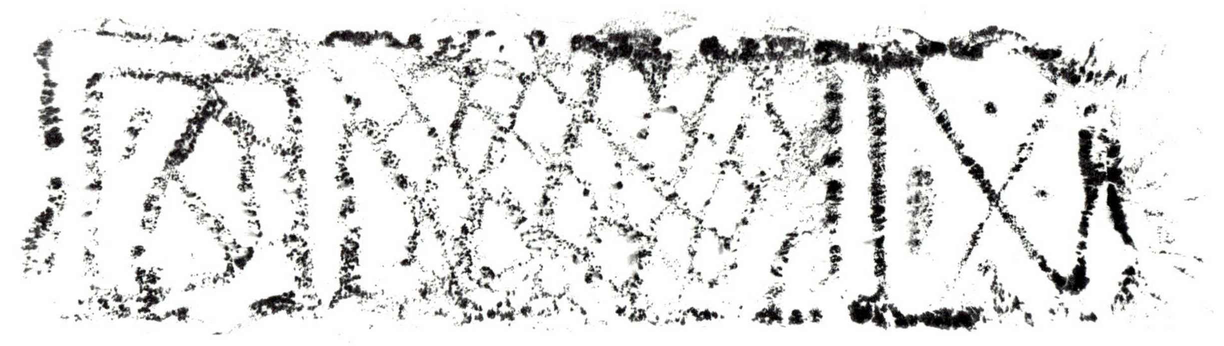

图二八
砖　纹：网格
出土地：汉源
规　格：25.5cm × 7cm

图二九
砖　纹：网格、回字
出土地：汉源
规　格：24cm × 7cm

图三〇
砖　纹：网格
出土地：汉源
规　格：21.5cm × 7.5cm

图三一
砖　纹：折线、网格
出土地：汉源
规　格：24cm × 7.5cm

图三二
砖　纹：鱼骨架
出土地：汉源
规　格：26.5cm × 7.5cm

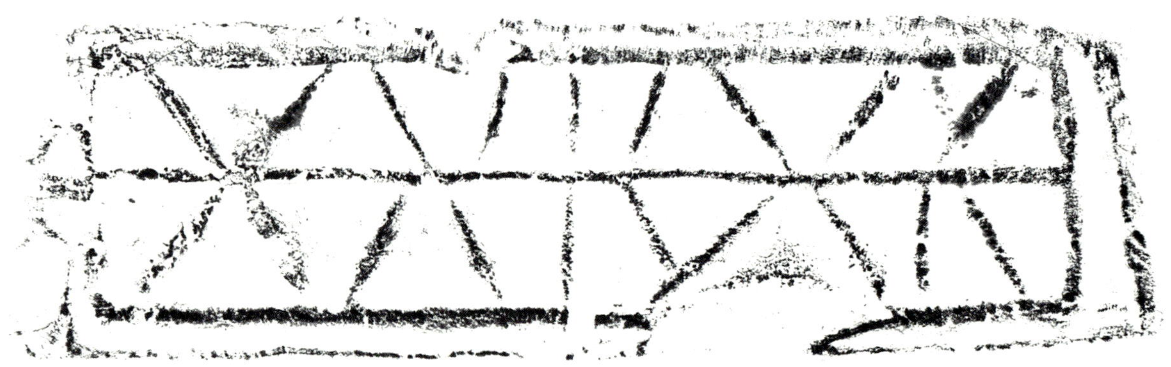

图三三
砖　纹：折线
出土地：汉源
规　格：24cm × 7cm

图三四

砖　纹：网格、十字、乳钉
出土地：汉源
规　格：22cm × 8cm

图三五

砖　纹：折线、乳钉圈
出土地：汉源
规　格：27cm × 8cm

图三六
砖　纹：网格、五铢币
出土地：汉源
规　格：23cm × 7.5cm

图三七
砖　纹：网格
出土地：汉源
规　格：23.5cm × 8.5cm

图三八
砖　纹：网格、十字、米字
出土地：汉源
规　格：24cm × 8cm

图三九
砖　纹：网格、十字、曲线
出土地：汉源
规　格：22cm × 7cm

图四〇
砖　纹：双头鱼骨架
出土地：汉源
规　格：33cm × 7.5cm

图四一
砖　纹：乳钉、折线、
网格、符号
出土地：汉源
规　格：26.5cm × 6.5cm

图四二
砖　纹：折线
出土地：宝兴
规　格：25cm × 8.5cm

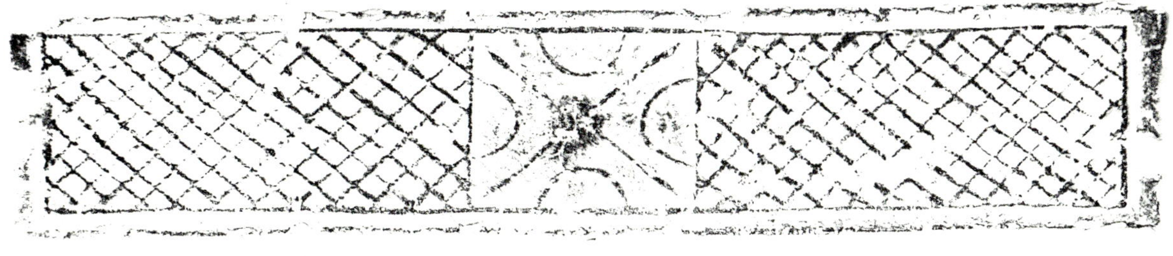

图四三
砖　纹：网格
出土地：宝兴
规　格：37.5cm × 8cm

图四四
砖　纹：折线、车轮
出土地：汉源
规　格：23.5cm × 7cm

图四五
砖　纹：回字、乳钉
出土地：汉源
规　格：25.5cm × 9cm

图四六

砖　纹：连环、回字、乳钉

出土地：汉源

规　格：32.5cm × 5.5cm

图四七

砖　纹：连环、回字、乳钉

出土地：汉源

规　格：41cm × 7.5cm

图四八
砖　纹：连环、回字
出土地：汉源
规　格：24cm × 7cm

图四九
砖　纹：菱形、回字
出土地：汉源
规　格：24.5cm × 7cm

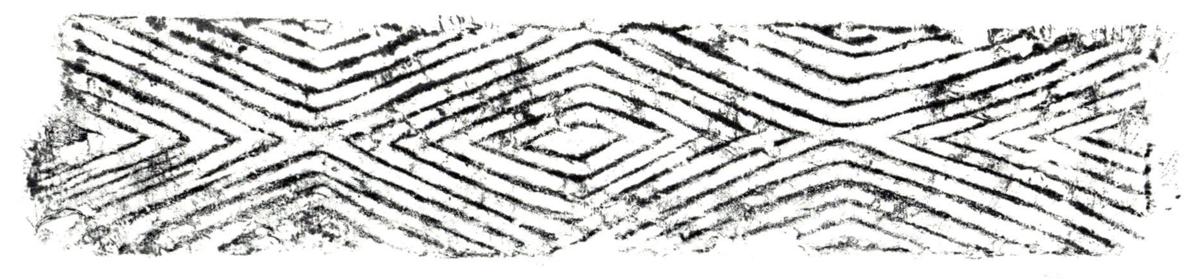

图五〇

砖　纹：菱形、回字

出土地：汉源

规　格：35cm × 7.5cm

图五一

砖　纹：菱形、乳钉

出土地：汉源

规　格：21.5cm × 7.5cm

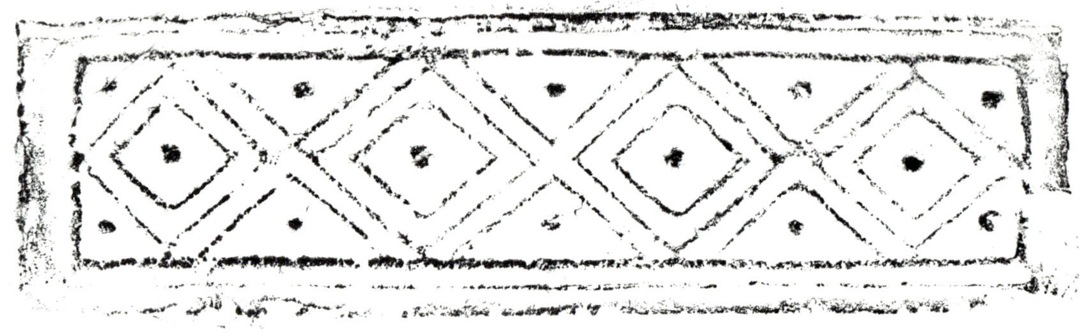

图五二
砖　纹：菱形、乳钉
出土地：汉源
规　格：28cm × 8cm

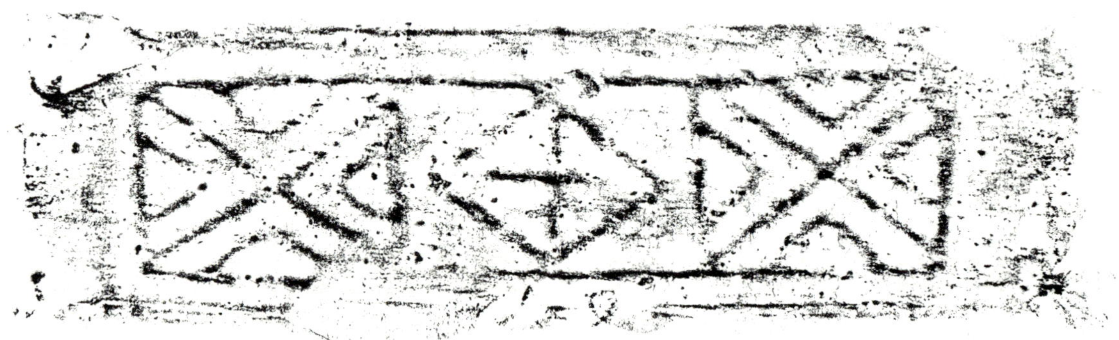

图五三
砖　纹：菱形、十字、折线
出土地：汉源
规　格：25cm × 7.5cm

图五四
砖　纹：田字、折线
出土地：汉源
规　格：29.5cm × 7cm

图五五
砖　纹：网格、曲线
出土地：汉源
规　格：25.5cm × 7.5cm

图五六
砖　纹：网格
出土地：汉源
规　格：27cm × 8cm

图五七
砖　纹：叶脉、回字
出土地：汉源
规　格：25cm × 8.5cm

图五八
砖　纹：折线、乳钉
出土地：汉源
规　格：27.5cm × 8cm

图五九
砖　纹：折线
出土地：汉源
规　格：23cm × 6.5cm

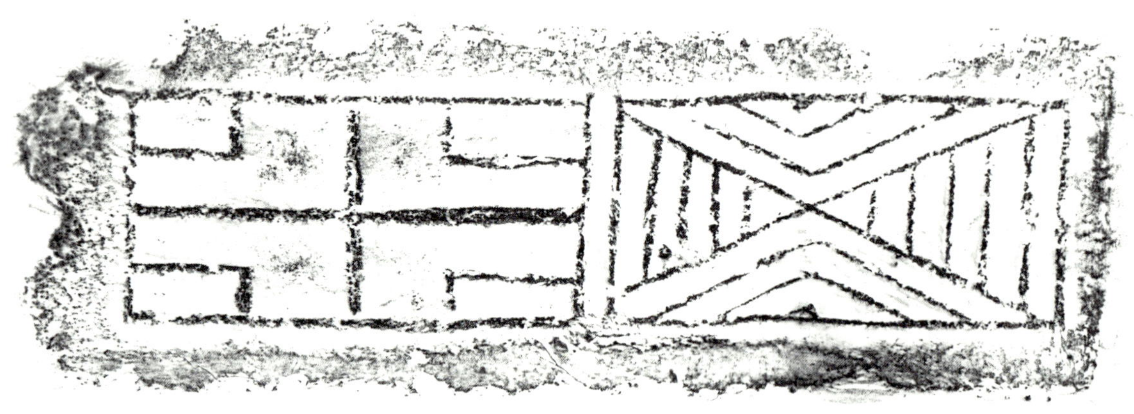

图六〇
砖　纹：十字、折线
出土地：芦山
规　格：25.5cm × 9cm

图六一
砖　纹：菱形、乳钉
出土地：芦山
规　格：27cm × 8cm

图六二
砖　纹：折线
出土地：芦山
规　格：29cm × 8cm

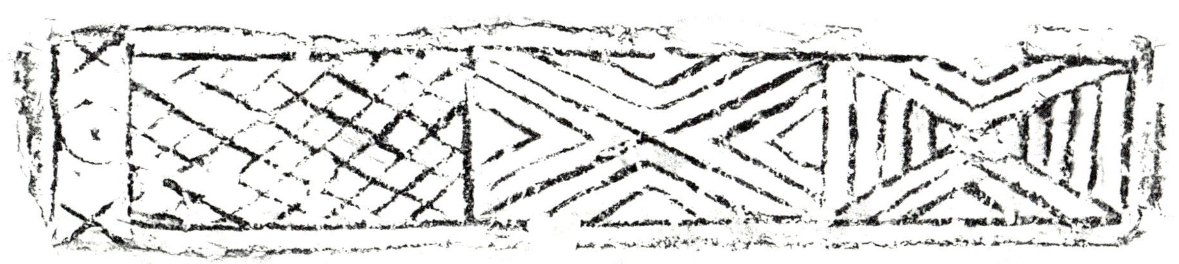

图六三
砖　纹：十字、折线、网格
出土地：芦山
规　格：38cm × 8cm

图六四

砖　纹：网格

出土地：芦山

规　格：41cm × 8.5cm

图六五

砖　纹：网格、符号

出土地：芦山

规　格：42cm × 8cm

图六六
砖　纹：连环菱形
出土地：芦山
规　格：43cm × 7.5cm

图六七
砖　纹：编环
出土地：芦山
规　格：23.5cm × 8cm

图六八
砖　纹：网格、车轮
出土地：芦山
规　格：28.8cm × 7.2cm

图六九
砖　纹：拆线、花卉
出土地：芦山
规　格：24cm × 8.5cm

图七〇
砖　纹：网格、花卉
出土地：芦山
规　格：24cm × 8cm

图七一
砖　纹：网格、钱币
出土地：芦山
规　格：24.8cm × 7.2cm

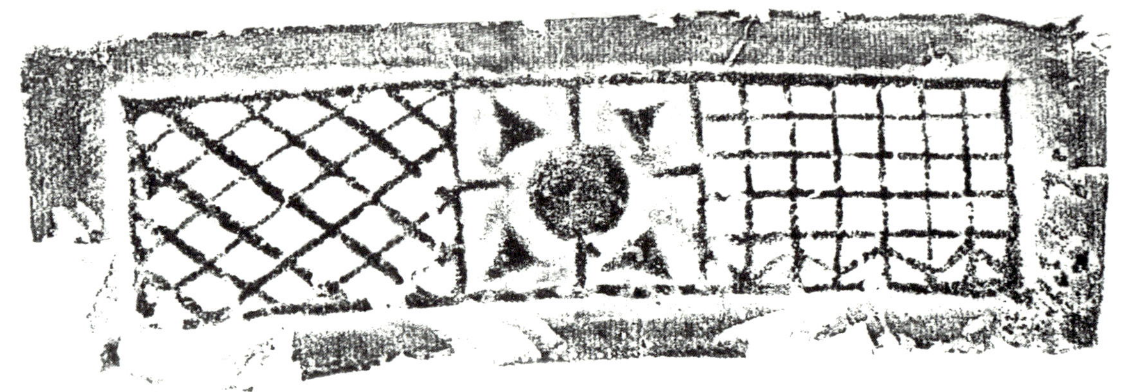

图七二
砖　纹：网格、太阳、窗格
出土地：芦山
规　格：32.4cm × 7.5cm

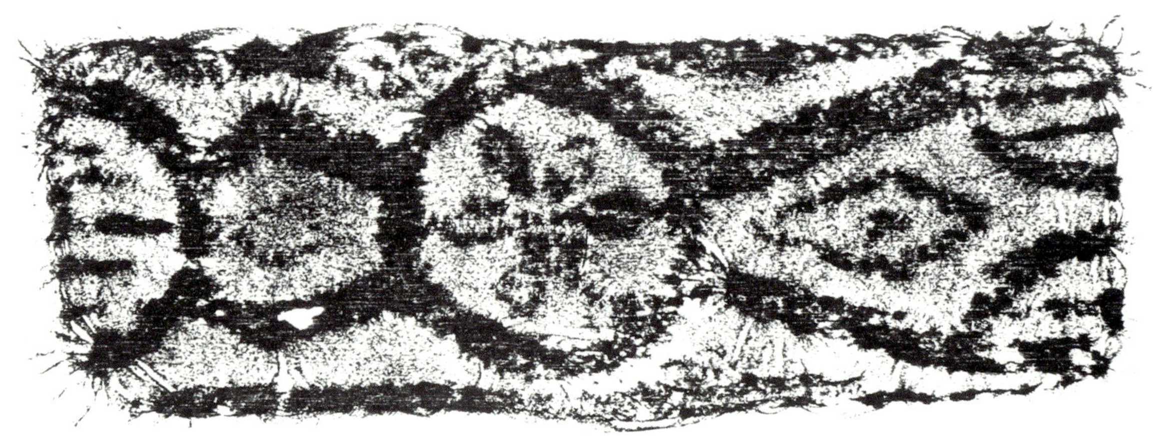

图七三
砖　纹：花卉
出土地：芦山
规　格：19cm × 7cm

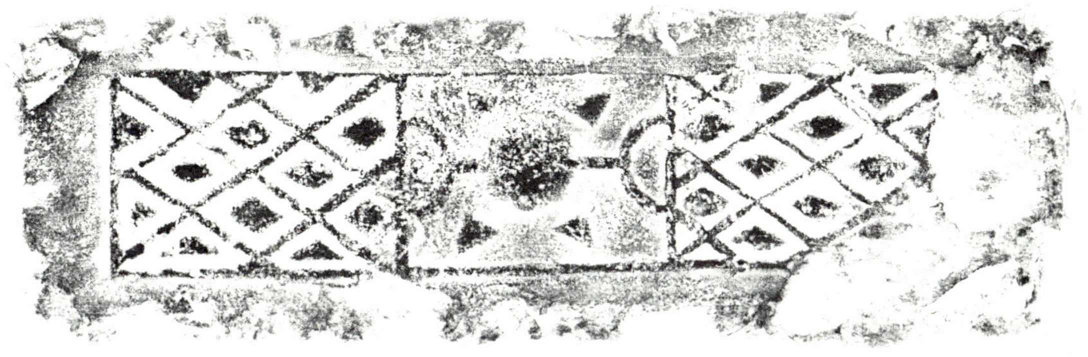

图七四
砖　纹：太阳、窗格
出土地：芦山
规　格：23cm × 7.5cm

图七五
砖　纹：网格、太阳
出土地：芦山
规　格：25cm × 6.5cm

图七六
砖　纹：折线、花卉
出土地：芦山
规　格：26cm × 8.5cm

图七七
砖　纹：折线、花卉
出土地：芦山
规　格：29cm × 8cm

图七八
砖　纹：折线、花卉
出土地：芦山
规　格：28cm × 9.5cm

图七九
砖　纹：菱形、乳钉
出土地：芦山
规　格：21.5cm × 6.5cm

图八〇
砖　纹：菱形、乳钉
出土地：芦山
规　格：23.5cm × 8cm

图八一
砖　纹：菱形、乳钉
出土地：芦山
规　格：24cm × 6.8cm

图八二
砖　纹：菱形、乳钉
出土地：芦山
规　格：25cm × 7cm

图八三
砖　纹：菱形、乳钉
出土地：芦山
规　格：27cm × 8cm

图八四

砖　纹：菱形、乳钉

出土地：芦山

规　格：29cm × 7cm

图八五

砖　纹：菱形、乳钉

出土地：芦山

规　格：32.8cm × 6.8cm

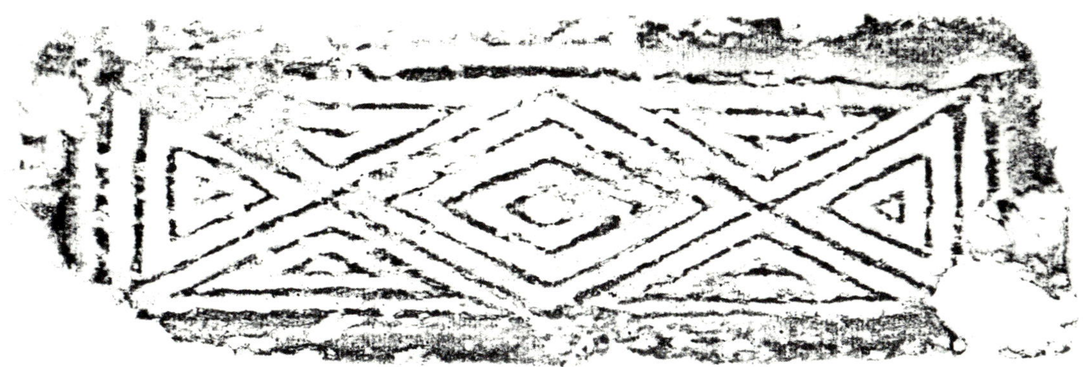

图八六
砖　纹：菱形、三角形
出土地：芦山
规　格：25.6cm × 7.5cm

图八七
砖　纹：菱形
出土地：芦山
规　格：23.5cm × 8cm

图八八
砖　纹：菱形
出土地：芦山
规　格：25cm × 7.5cm

图八九
砖　纹：菱形
出土地：芦山
规　格：26.4cm × 8cm

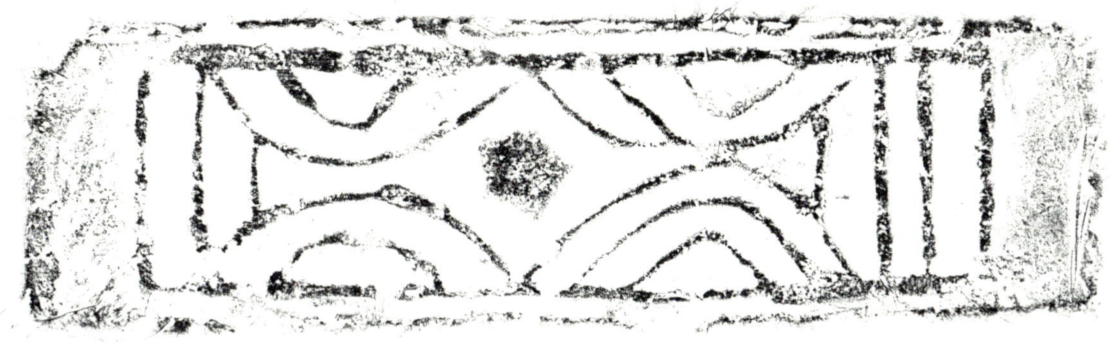

图九○
砖　纹：曲线、乳钉
出土地：芦山
规　格：23cm × 7cm

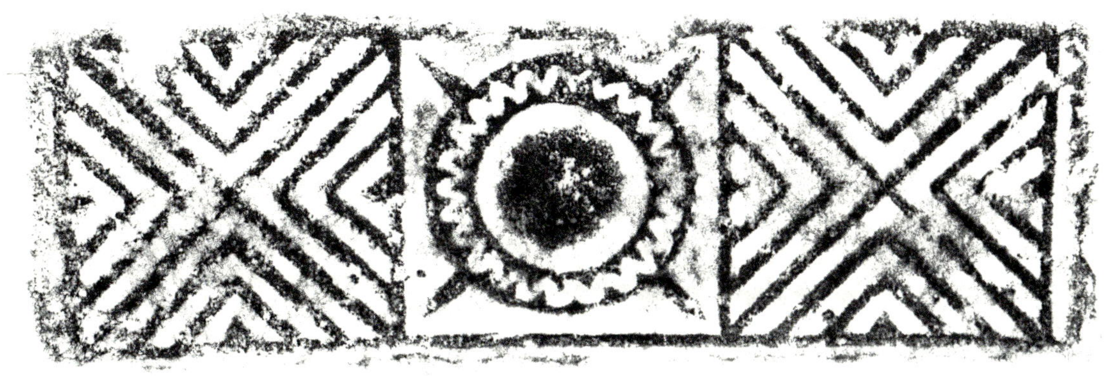

图九一
砖　纹：折线、太阳
出土地：芦山
规　格：25.5cm × 8.5cm

图九二
砖　纹：曲线
出土地：芦山
规　格：13.5cm × 7cm

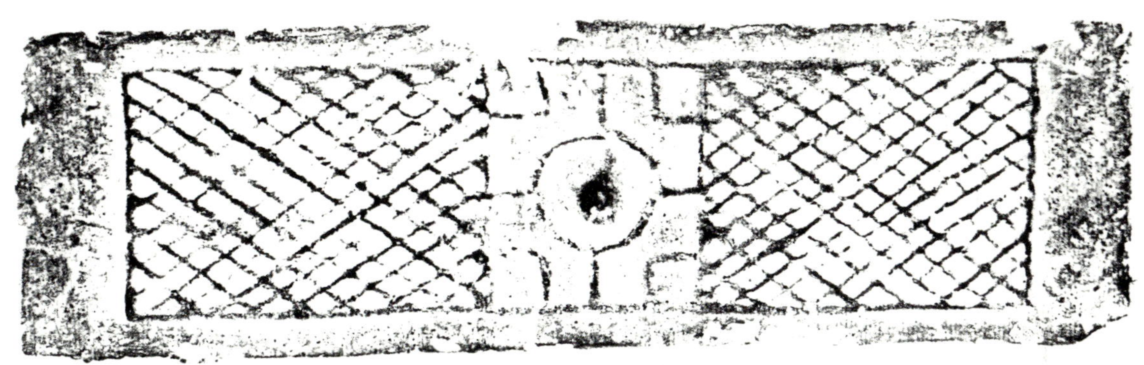

图九三
砖　纹：网格、乳钉
出土地：芦山
规　格：24.8cm × 8cm

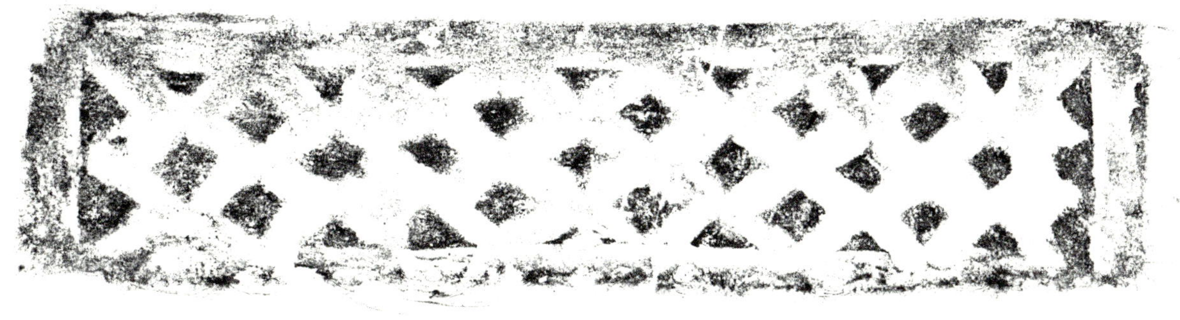

图九四
砖　纹：乳钉
出土地：芦山
规　格：26cm × 6.5cm

图九五
砖　纹：网格、回字、十字
出土地：芦山
规　格：23.5cm × 7.5cm

图九六
砖　纹：十字、菱形
出土地：芦山
规　格：25.5cm × 7cm

图九七
砖　纹：网格、圆形、十字
出土地：芦山
规　格：20cm × 8cm

图九八
砖　纹：折线、十字、花卉
出土地：芦山
规　格：25cm × 8cm

图九九
砖　纹：折线、符号
出土地：芦山
规　格：27cm × 8cm

图一〇〇
砖　纹：折线、符号
出土地：芦山
规　格：28cm × 6.5cm

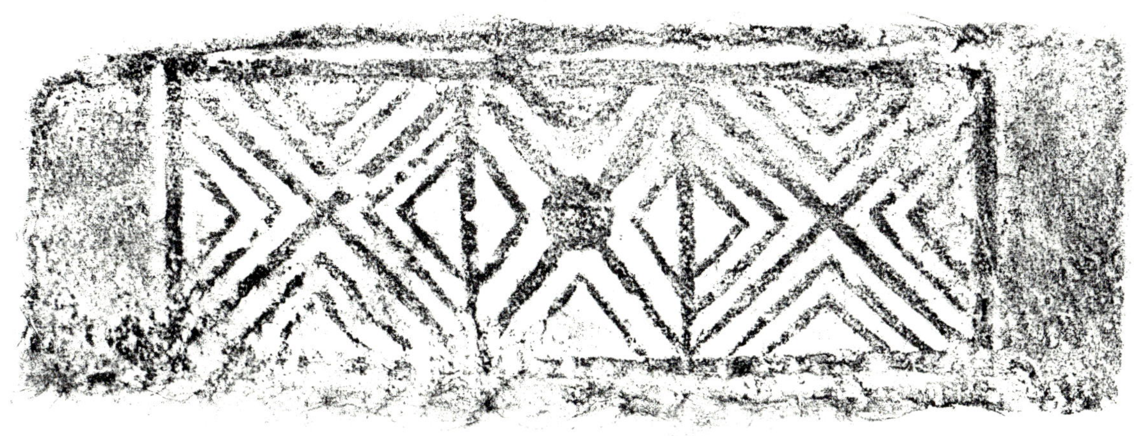

图一〇一

砖　纹：十字、折线、乳钉

出土地：芦山

规　格：25cm × 9cm

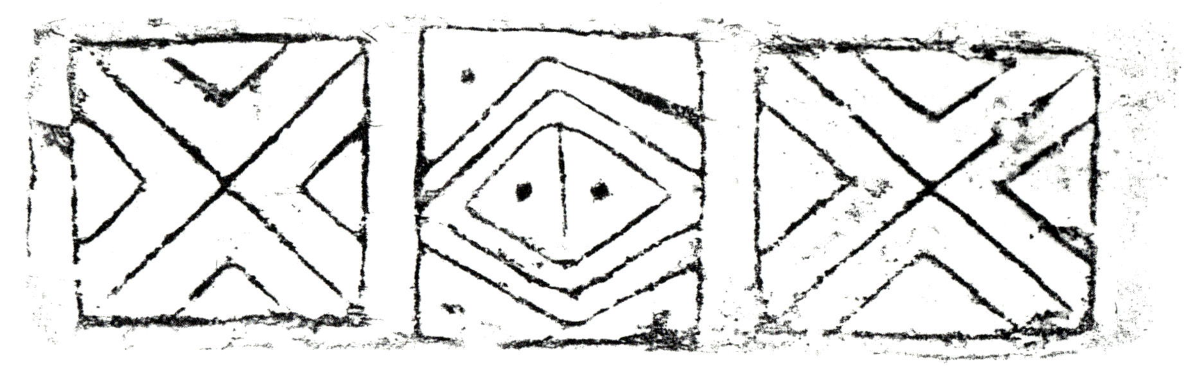

图一〇二
砖　纹：十字、折线、菱形
出土地：芦山
规　格：27.5cm × 8cm

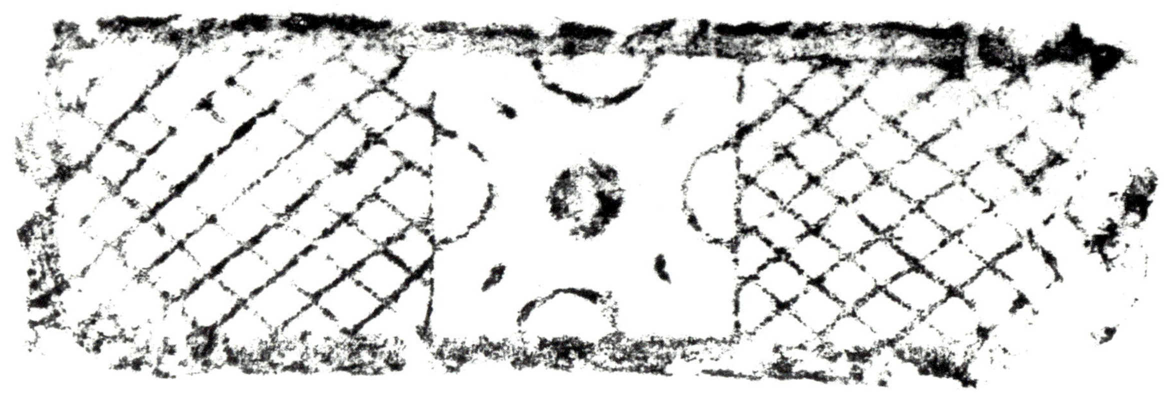

图一〇三
砖　纹：网格、柿蒂
出土地：芦山
规　格：24.8cm × 7.5cm

图一〇四
砖　纹：柿蒂
出土地：芦山
规　格：12.5cm × 9cm

图一〇五
砖　纹：梯形
出土地：芦山
规　格：24cm × 9cm

图一〇六
砖　纹：田字格
出土地：芦山
规　格：29.6cm × 6.5cm

图一〇七
砖　纹：田字格
出土地：芦山
规　格：29.6cm × 7.2cm

图一〇八
砖　纹：田字格
出土地：芦山
规　格：31.2cm × 7.2cm

图一〇九
砖　纹：田字格
出土地：芦山
规　格：36.8cm × 7cm

图一一〇
砖　纹：网格、花卉
出土地：芦山
规　格：35cm × 8cm

图一一一
砖　纹：曲线、网格
出土地：芦山
规　格：26.5cm × 8cm

图一一二
砖　纹：网格、日
出土地：芦山
规　格：25.5cm × 8.5cm

图一一三
砖　纹：网格、乳钉
出土地：芦山
规　格：25.5cm × 8.5cm

图一一四
砖　纹：网格、乳钉
出土地：芦山
规　格：26.4cm × 6.4cm

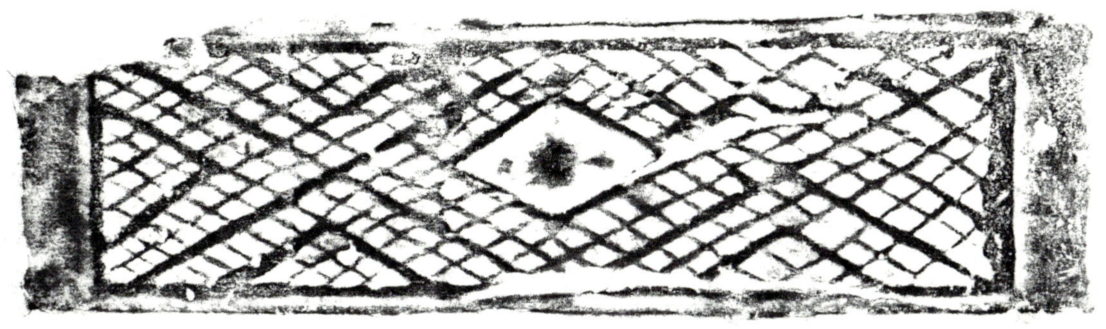

图一一五
砖　纹：网格、乳钉
出土地：芦山
规　格：26.5cm × 7.5cm

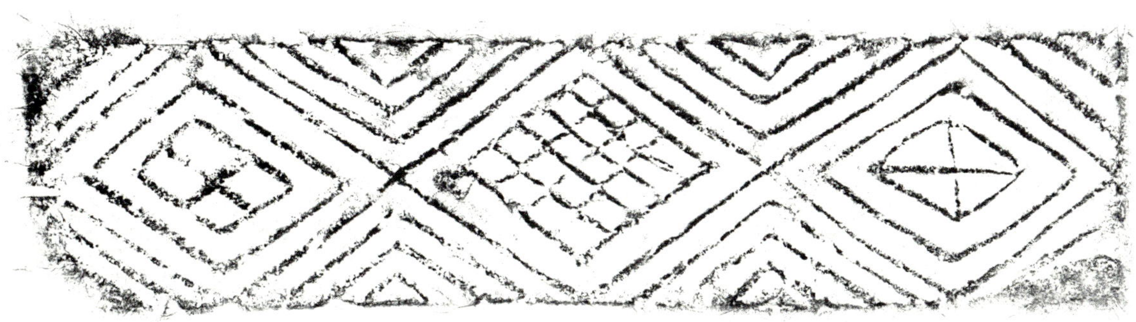

图一一六
砖　纹：田字、网格
出土地：芦山
规　格：30.5cm × 8cm

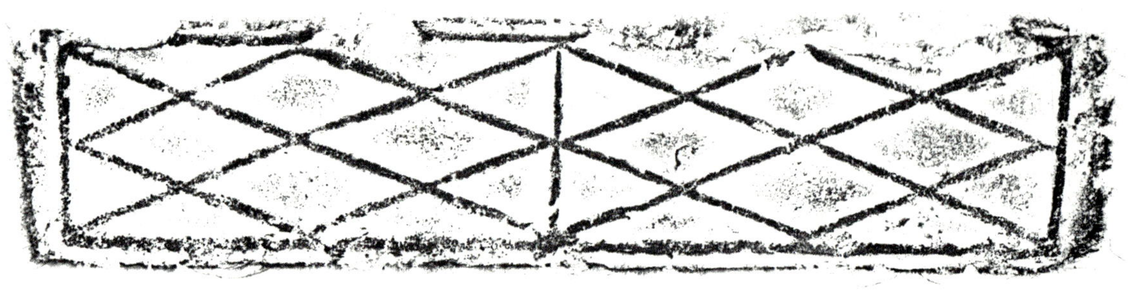

图一一七
砖　纹：网格
出土地：芦山
规　格：26cm × 7cm

图一一八
砖　纹：叶脉
出土地：芦山
规　格：24.8cm × 7.5cm

图一一九
砖　纹：叶脉
出土地：芦山
规　格：25cm × 6.5cm

图一二〇
砖　纹：菱形、圆形
出土地：芦山
规　格：24cm × 4.2cm

图一二一
砖　纹：折线、花卉
出土地：芦山
规　格：27cm × 8cm

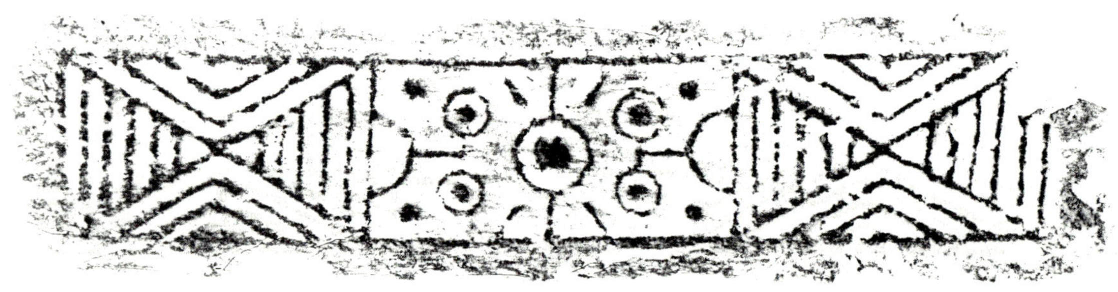

图一二二
砖　纹：折线、花卉
出土地：芦山
规　格：33cm × 8cm

图一二三
砖　纹：折线、花卉
出土地：芦山
规　格：22.5cm × 6.5cm

图一二四
砖　纹：折线、花卉
出土地：芦山
规　格：28.5cm × 6cm

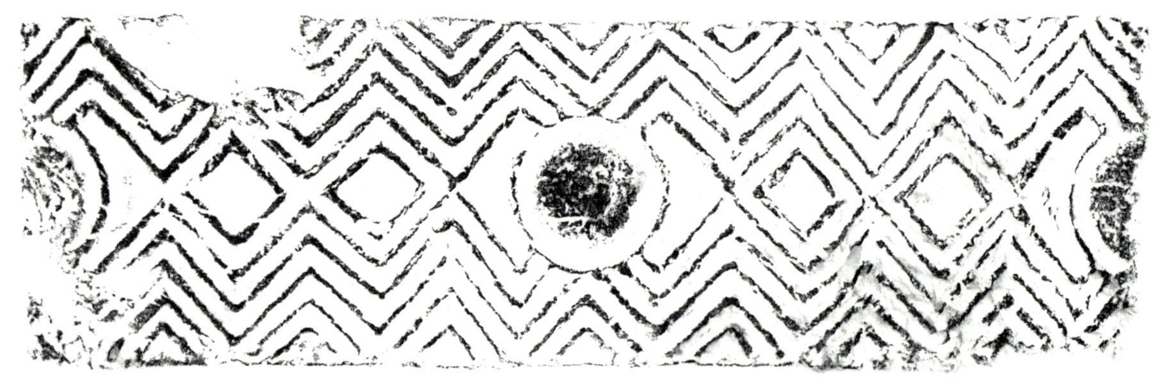

图一二五
砖　纹：折线、日
出土地：芦山
规　格：29.5cm × 9.5cm

图一二六
砖　纹：折线、乳钉
出土地：芦山
规　格：26.4cm × 7.5cm

图一二七
砖　纹：折线、乳钉
出土地：芦山
规　格：26.5cm × 10cm

图一二八
砖　纹：折线
出土地：芦山
规　格：25.5cm × 7.5cm

图一二九
砖　纹：折线
出土地：芦山
规　格：30cm × 7.8cm

图一三〇
砖　纹：折线
出土地：芦山
规　格：34.5cm × 8cm

图一三一

砖 纹：网格、车轮

出土地：荥经

规 格：24cm × 7.5cm

图一三二
砖　纹：菱形
出土地：荥经
规　格：33cm × 6.5cm

图一三三
砖　纹：菱形、米字
出土地：荥经
规　格：24.5cm × 7cm

图一三四

砖　纹：十字、回形

出土地：荥经

规　格：22cm × 7.5cm

图一三五

砖　纹：网格、田字

出土地：荥经

规　格：45cm × 7cm

纪年砖

图一三六
砖　文：永平十二年造
出土地：芦山
规　格：23cm × 7cm

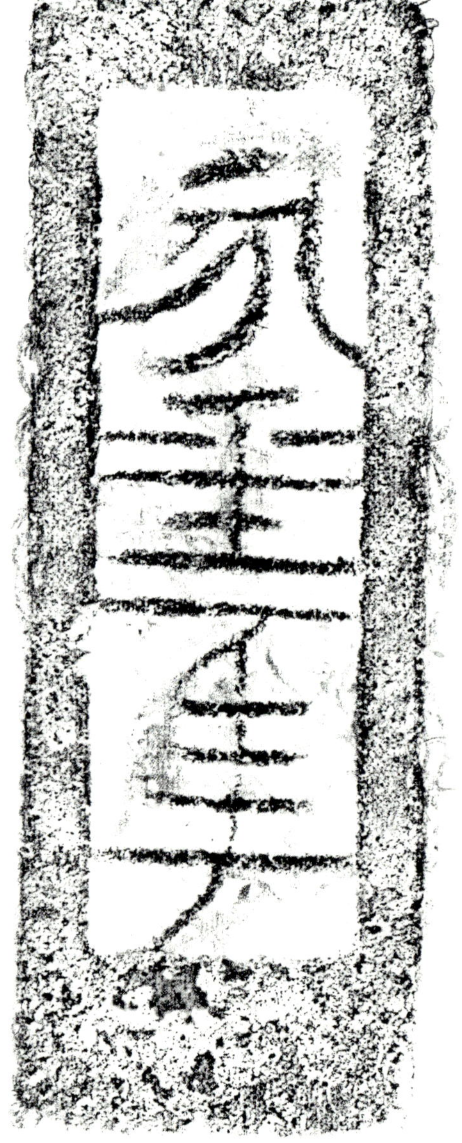

图一三七
砖　文：永平十二年
出土地：芦山
规　格：25cm × 9cm

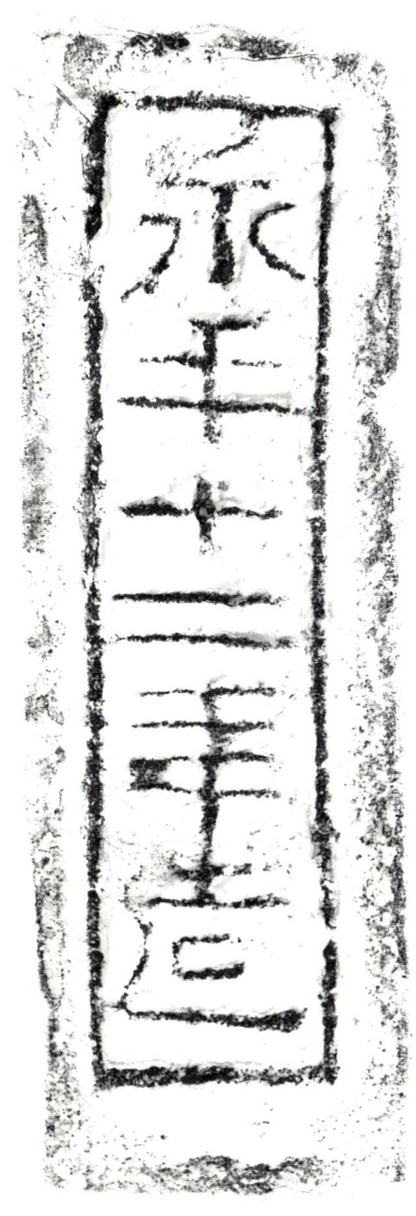

图一三八
砖　文：永平十二年造
出土地：芦山
规　格：24cm × 8cm

图一三九
砖　文：永平十七年
出土地：芦山
规　格：26.5cm × 7cm

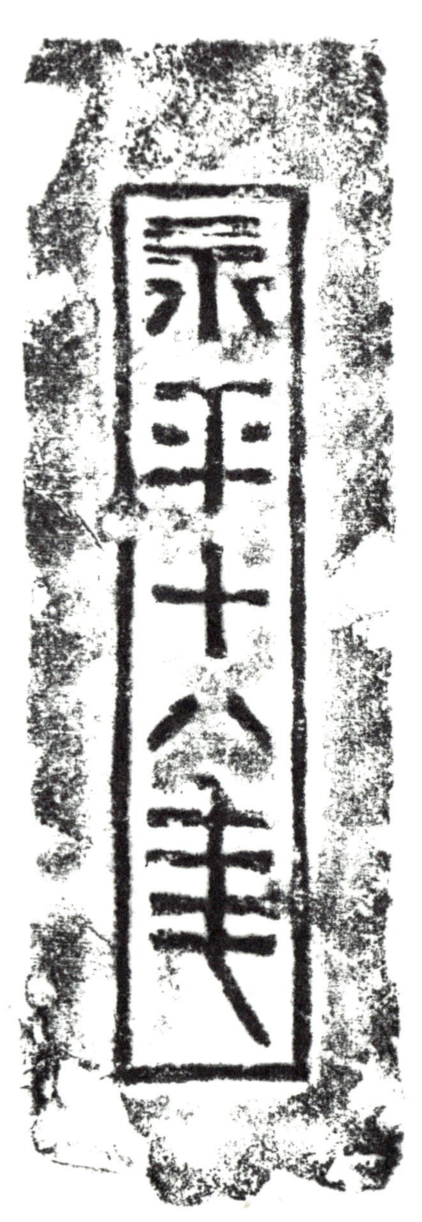

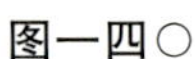
图一四○
砖　文：永平十八年
出土地：芦山
规　格：23cm × 8cm

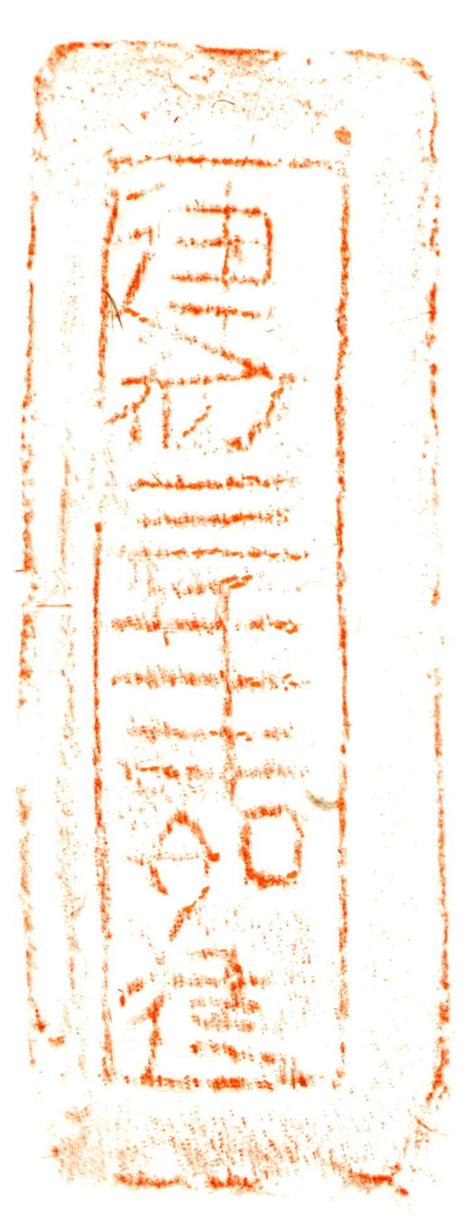

图一四一
砖　文：建初三年如造
出土地：芦山
规　格：23cm × 8.5cm

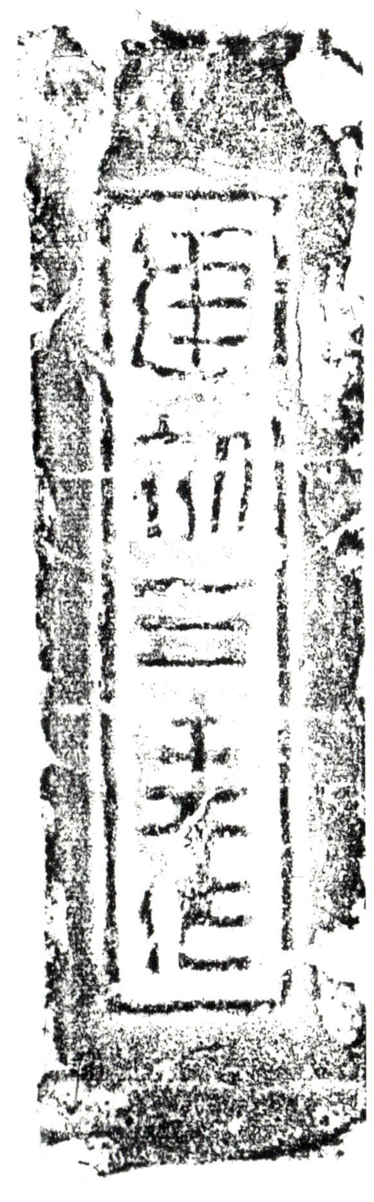

图一四二
砖　文：建初三年作
出土地：芦山
规　格：25.6cm × 7cm

图一四三
砖　文：建初六年作
出土地：芦山
规　格：24.5cm × 7.5cm

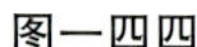

图一四四
砖　文：建初八年作
出土地：芦山
规　格：25cm × 8cm

图一四五
砖　文：建初九年十月造
出土地：芦山
规　格：24cm × 8cm

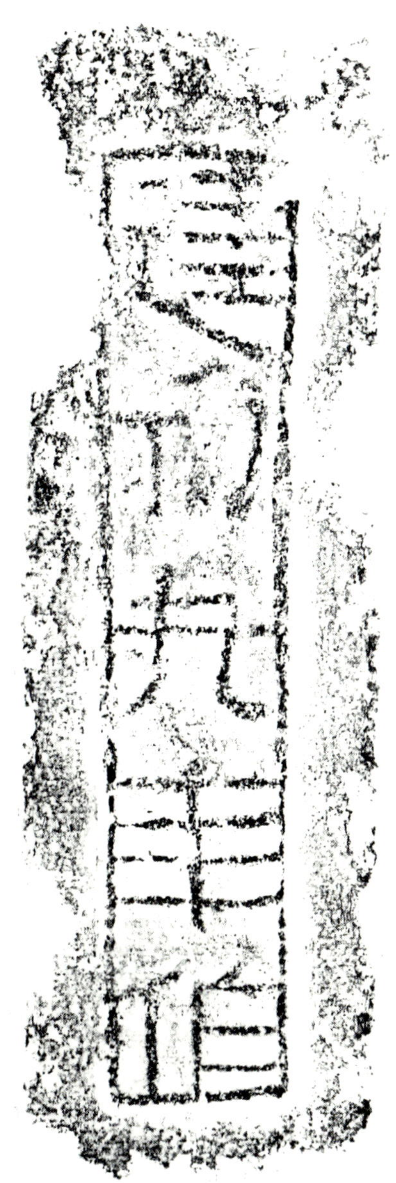

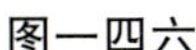

图一四六

砖　文：建初九年作

出土地：芦山

规　格：24cm × 7cm

图一四七

砖　文：元和三年

出土地：芦山

规　格：24cm × 7cm

图一四八

砖　文：元和四年七月六日造

出土地：芦山

规　格：36cm × 7cm

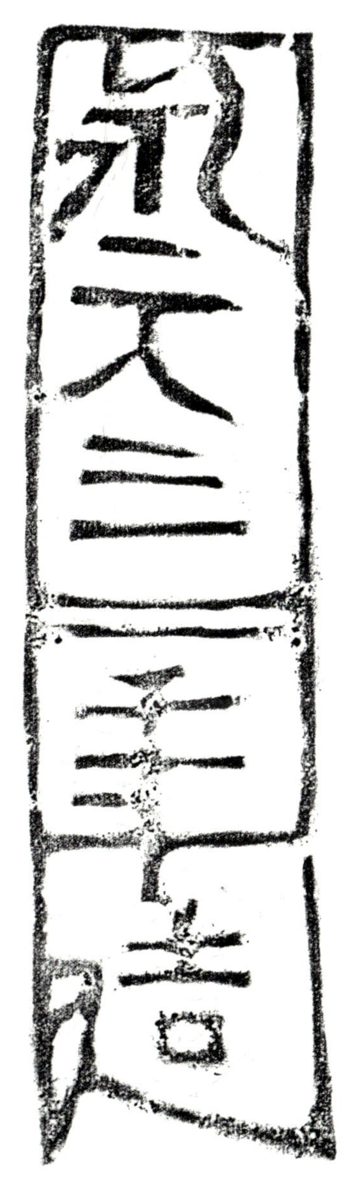

图一四九
砖　文：永元三年造
出土地：芦山
规　格：22cm × 6cm

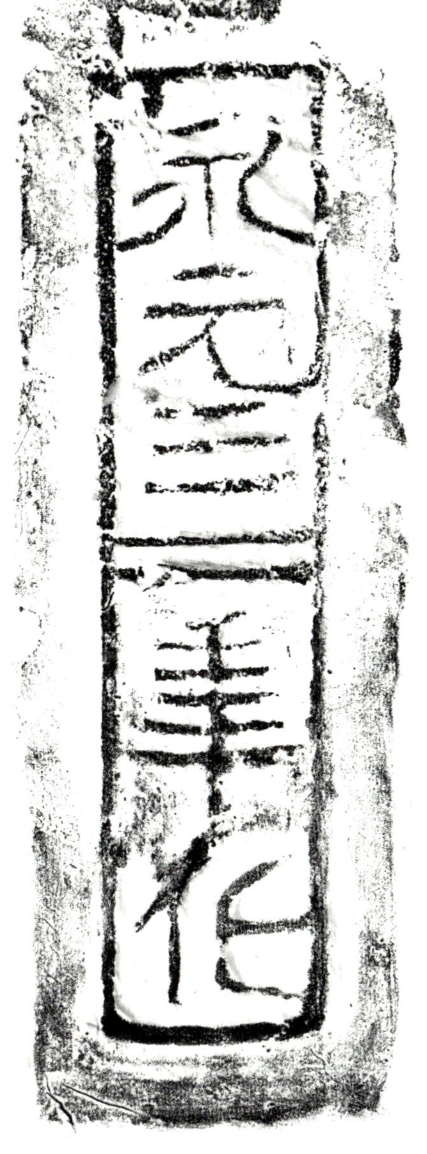

图一五〇
砖　文：永元三年作
出土地：芦山
规　格：24cm × 8cm

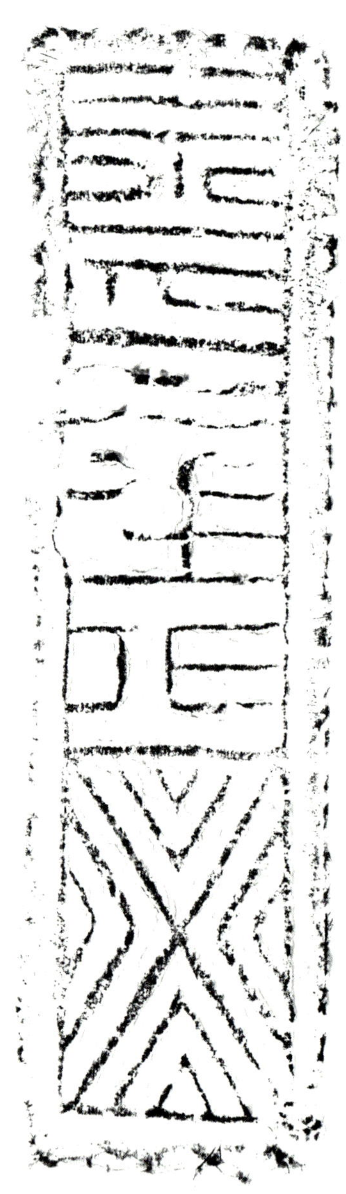

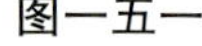

图一五一

砖　文：永元三年作

出土地：芦山

规　格：31cm × 9cm

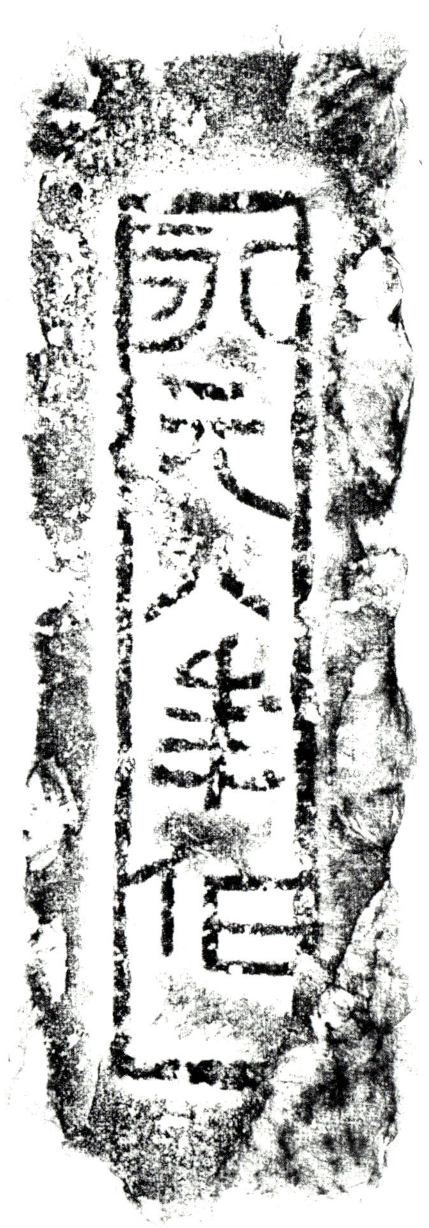

图一五二

砖　文：永元八年作

出土地：芦山

规　格：24.5cm × 8.5cm

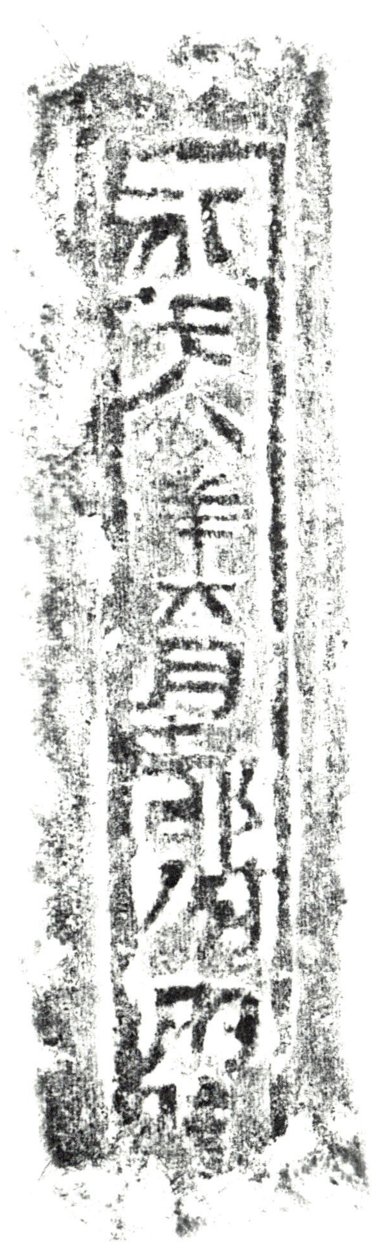

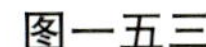

图一五三

砖　文：永元八年六月都尉府造

出土地：芦山

规　格：27.5cm × 7.5cm

图一五四

砖　文：永元八年八月九日造

出土地：芦山

规　格：28.5cm × 8.5cm

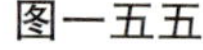

图一五五

砖　文：永元十六年九月

出土地：芦山

规　格：23.5cm × 6.5cm

图一五六

砖　文：元兴元年八月八日造

出土地：芦山

规　格：24.5cm × 6.5cm

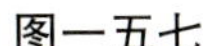

图一五七

砖　文：永元十七年三月四日造

出土地：芦山

规　格：24.5cm × 8cm

图一五八

砖　文：永初元年一月作

出土地：芦山

规　格：22.5cm × 7cm

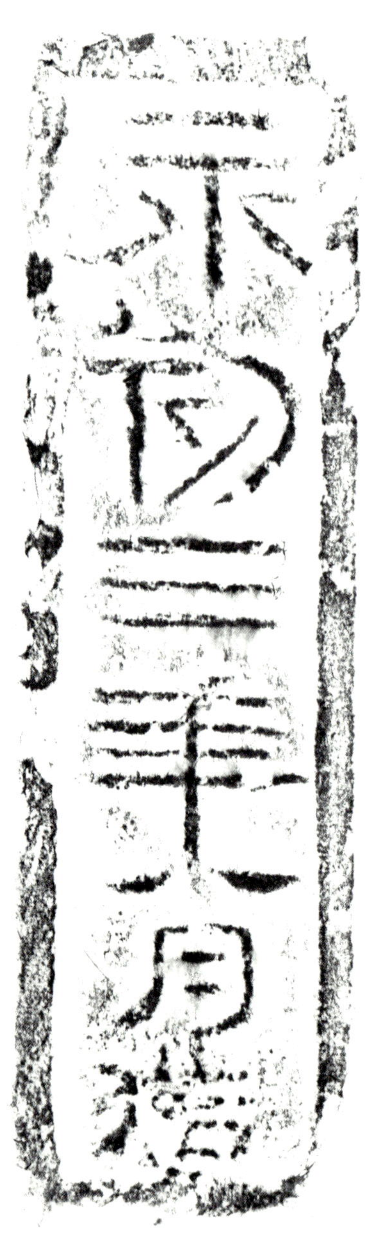

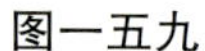
图一五九
砖　文：永初三年八月造
出土地：芦山
规　格：24cm × 7cm

图一六〇
砖　文：永初八年造
出土地：芦山
规　格：24cm × 7.5cm

图一六一
砖　文：元初一年二月作
出土地：芦山
规　格：24cm × 8cm

图一六二
砖　文：元初三年八月十二日作 □王□□
出土地：芦山
规　格：17cm × 6.5cm

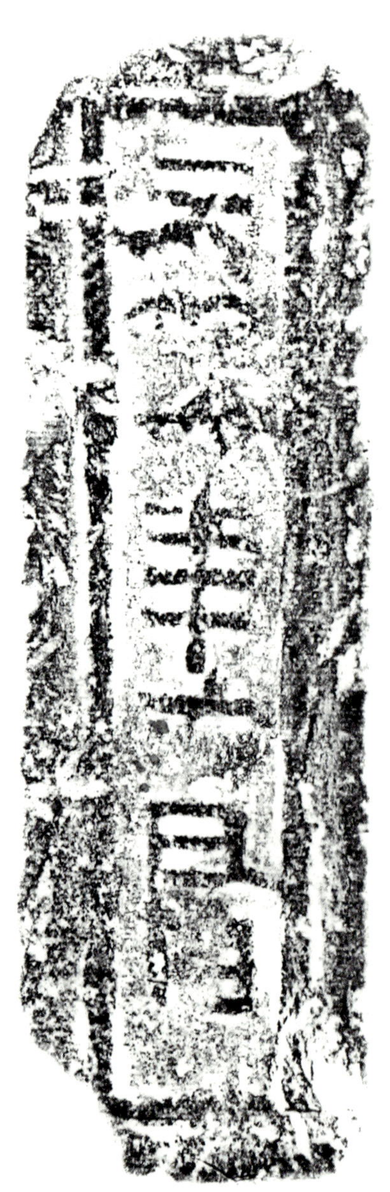

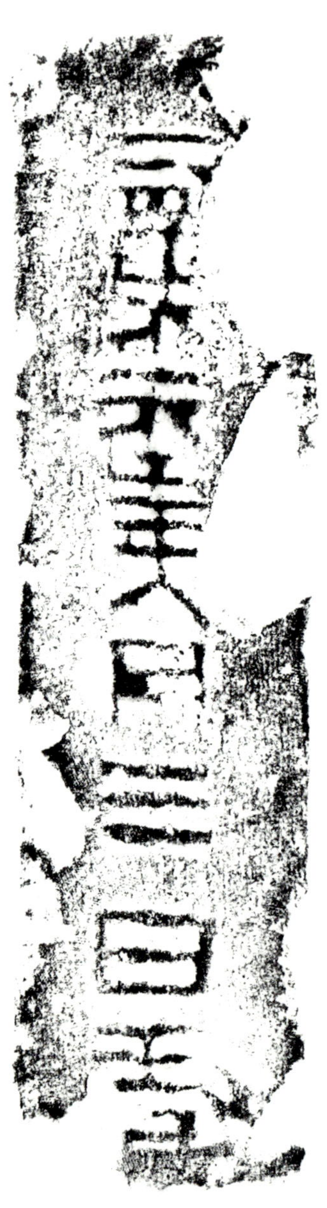

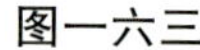

图一六三

砖　文：元初六年六月作

出土地：芦山

规　格：20cm × 5cm

图一六四

砖　文：延光元年八月三日造

出土地：芦山

规　格：32.8cm × 6.3cm

图一六五
砖　文：延光四年
出土地：雨城
规　格：18cm × 5.5cm

图一六六
砖　文：永建元年七月
出土地：芦山
规　格：23.5cm × 7.5cm

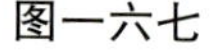

图一六七

砖　文：永建四年十一

出土地：芦山

规　格：23cm × 6cm

图一六八

砖　文：永建五年造

出土地：宝兴

规　格：28cm × 6.5cm

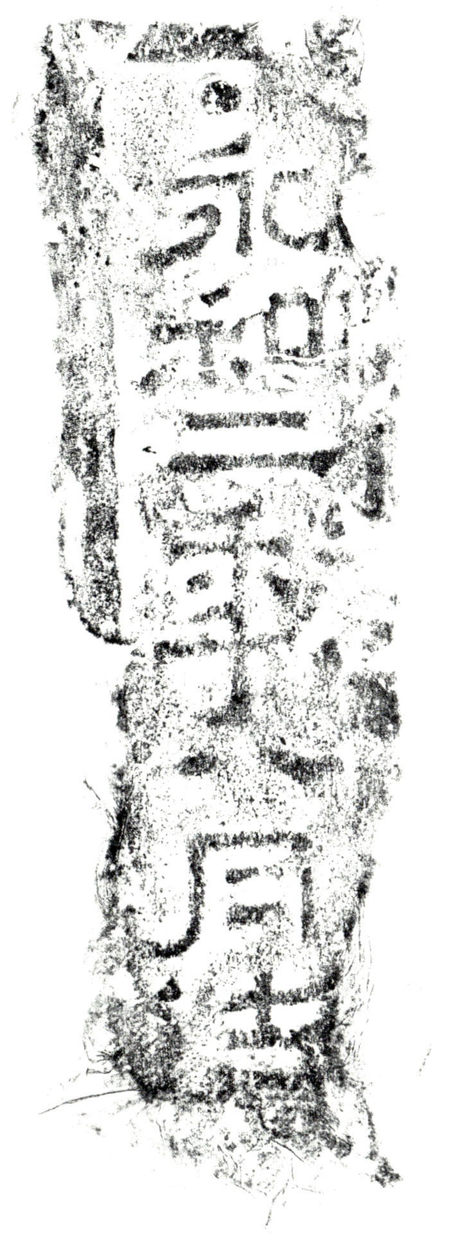

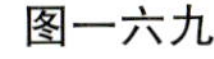

图一六九

砖　文：永和二年八月造

出土地：芦山

规　格：25cm × 8cm

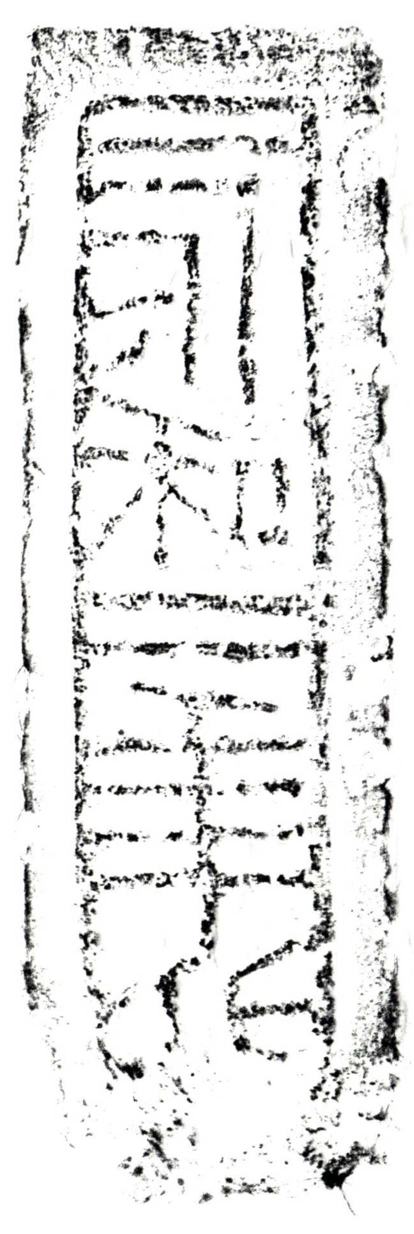

图一七〇

砖　文：永和二年作

出土地：芦山

规　格：25cm × 8cm

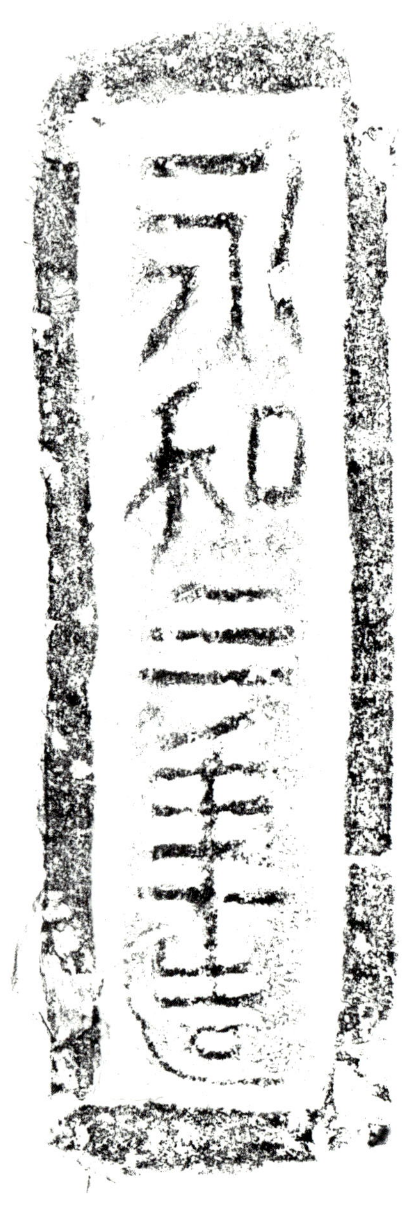

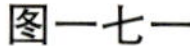

图一七一

砖　文：永和三年造

出土地：芦山

规　格：24.5cm × 8cm

图一七二

砖　文：永和四年四月十日造

出土地：芦山

规　格：26cm × 7cm

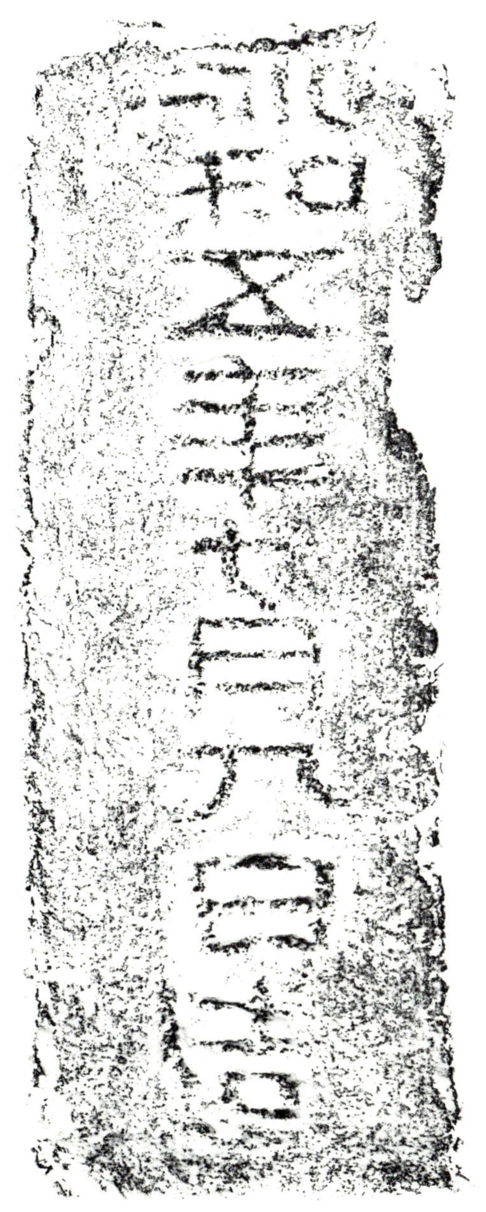

图一七三

砖　文：永和五年七月九日造

出土地：宝兴

规　格：20.5cm × 7.5cm

图一七四

砖　文：永和九年造

出土地：芦山

规　格：26cm × 6.5cm

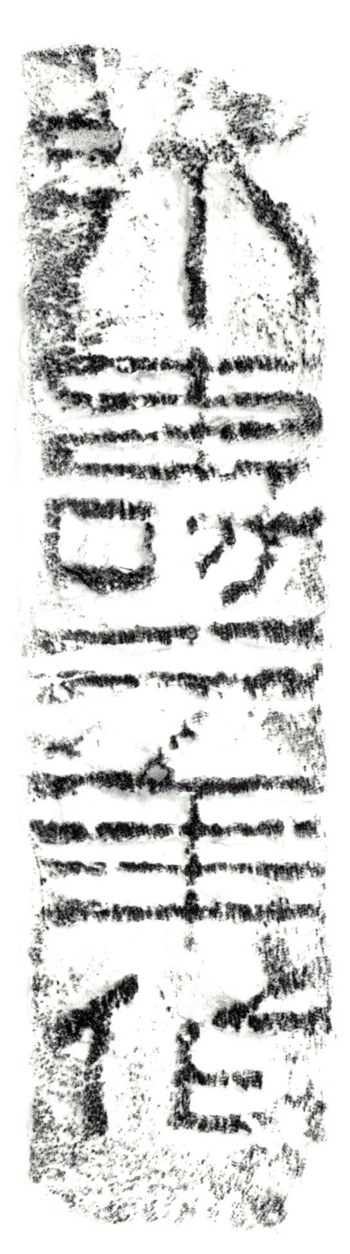

图一七五
砖　文：永寿二年作
出土地：芦山
规　格：25cm × 7cm

图一七六
砖　文：延熹八年
出土地：芦山
规　格：23cm × 7cm

图一七七

砖　文：熹平三年造

出土地：芦山

规　格：24cm × 7cm

图一七八

砖　文：熹平三年四月造

出土地：芦山

规　格：26cm × 7cm

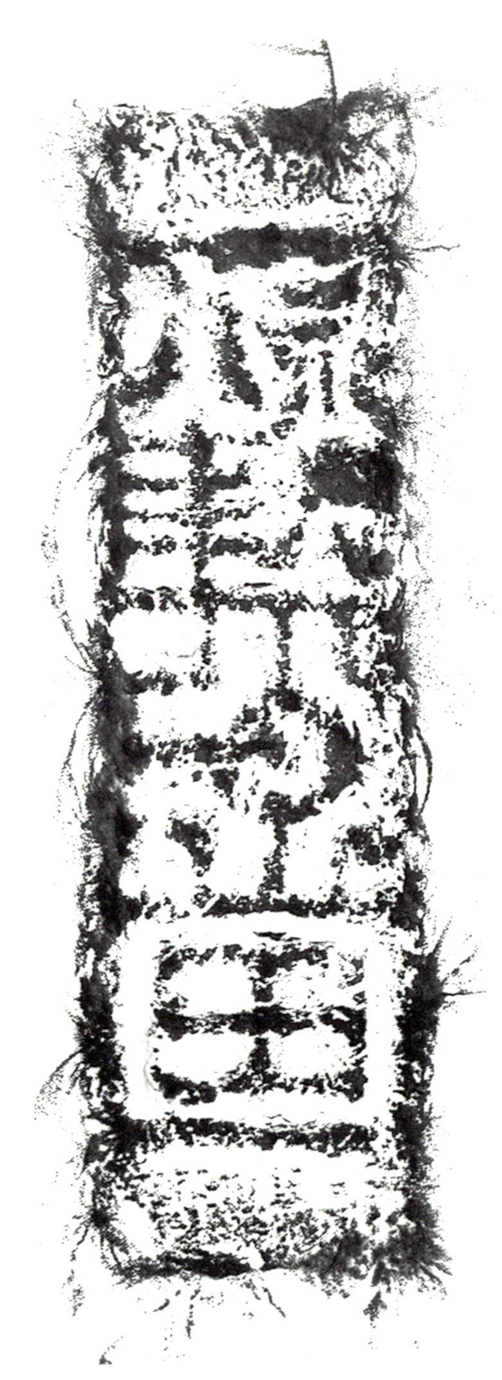

图一七九

砖　文：（待考）

出土地：荥经

规　格：23cm × 7cm

雅安出土汉砖拓片

吉语砖

图一八○
砖　文：后□千万
出土地：汉源
规　格：23.5cm × 7.5cm

图一八一
砖　文：后人长乐
出土地：汉源
规　格：21cm × 8cm

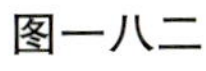

图一八二
砖　文：大利
出土地：芦山
规　格：24.5cm × 6.5cm

图一八三
砖　文：后人千□□□□
出土地：芦山
规　格：25cm × 8cm

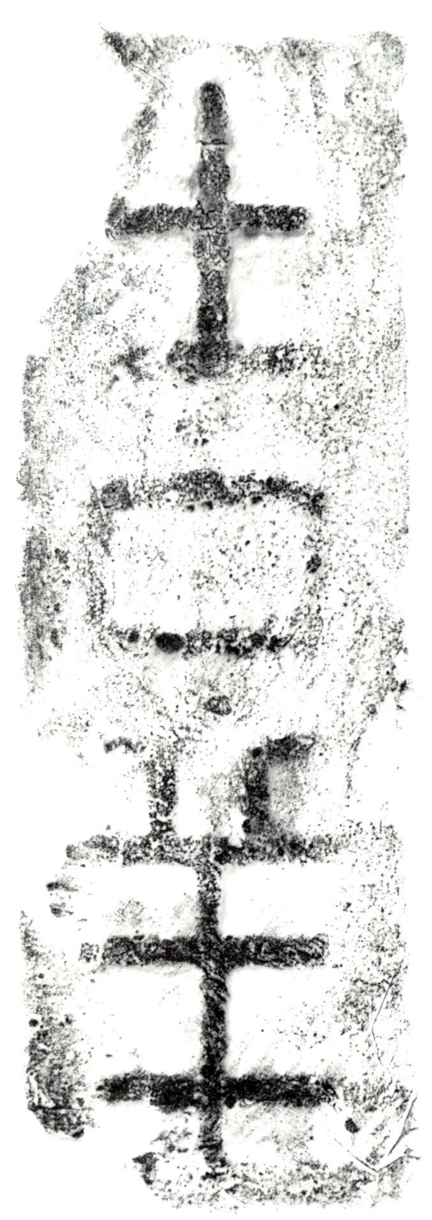

图一八四

砖　文：吉羊（吉祥）

出土地：芦山

规　格：25cm × 8.5cm

图一八五

砖　文：利后子孙

出土地：芦山

规　格：29.5cm × 8cm

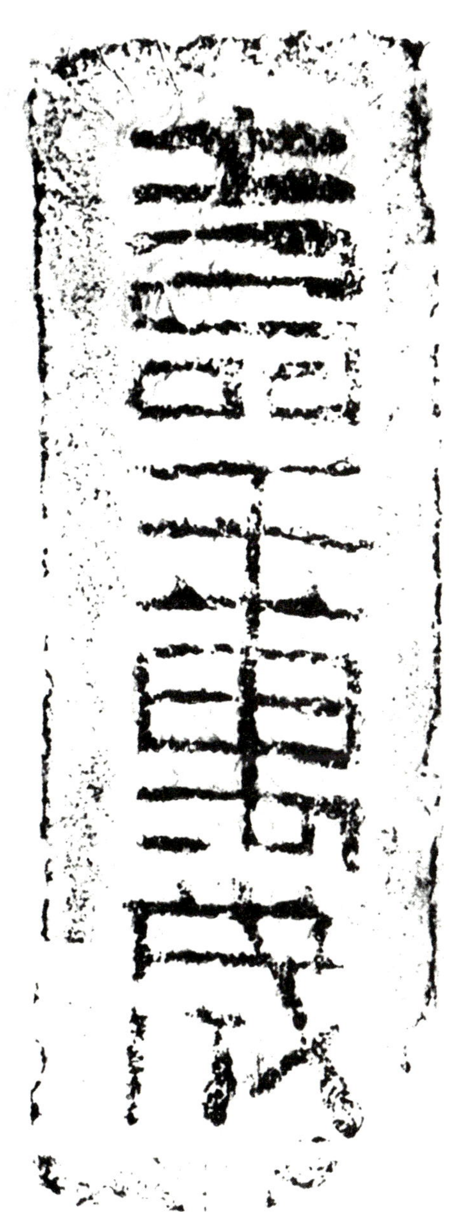

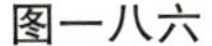

图一八六

砖　文：寿千万岁

出土地：芦山

规　格：24cm × 8cm

图一八七

砖　文：万岁舍

出土地：芦山

规　格：27cm × 8cm

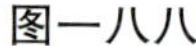

图一八八

砖　文：后世长乐、未央大德

出土地：芦山

规　格：24.5cm × 8cm

图一八九

砖　文：安宅

出土地：荥经

规　格：27.5cm × 6.5cm

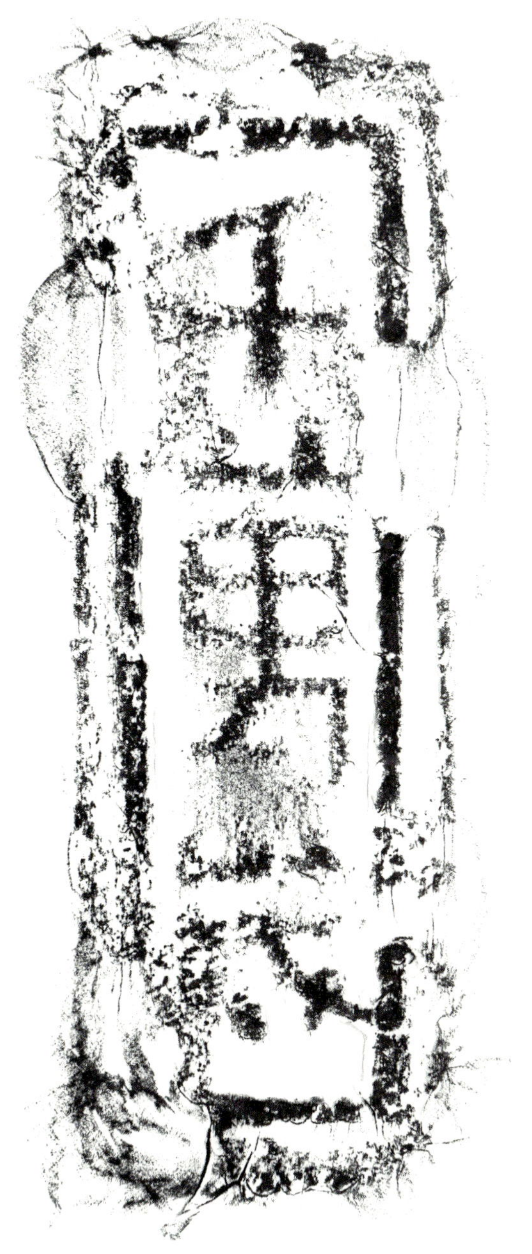

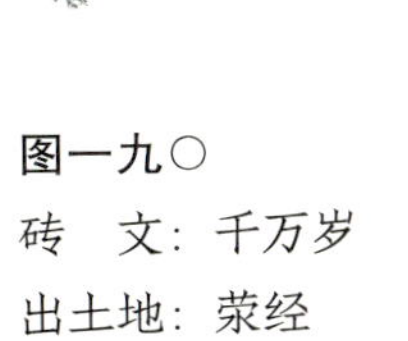

图一九〇
砖　文：千万岁
出土地：荥经
规　格：20cm × 6cm

图一九一
砖　文：青龙
出土地：荥经
规　格：23cm × 7cm

图一九二
砖　文：万岁□□
出土地：荥经
规　格：20.5cm × 6.5cm

图一九三
砖　文：星
出土地：荥经
规　格：26cm × 7cm

雅安出土汉砖拓片

画像砖

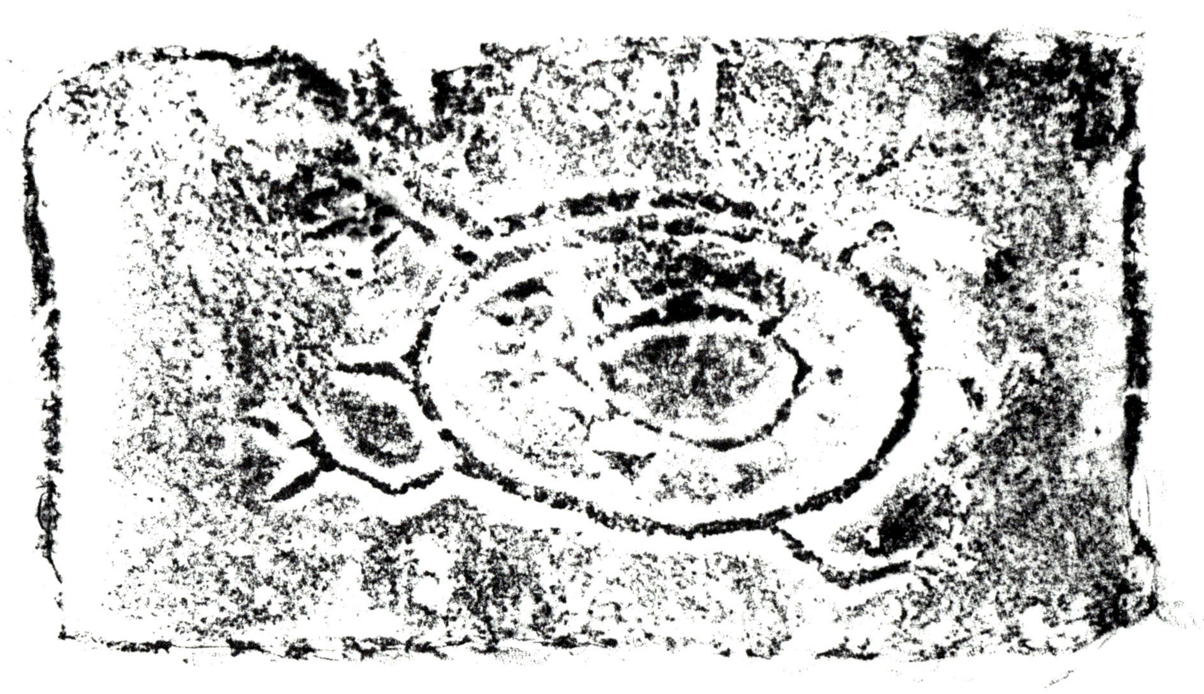

图一九四
砖　纹：玄武
出土地：宝兴
规　格：12.5cm × 6.5cm

图一九五
砖　纹：车轮
出土地：宝兴
规　格：12.5cm × 7cm

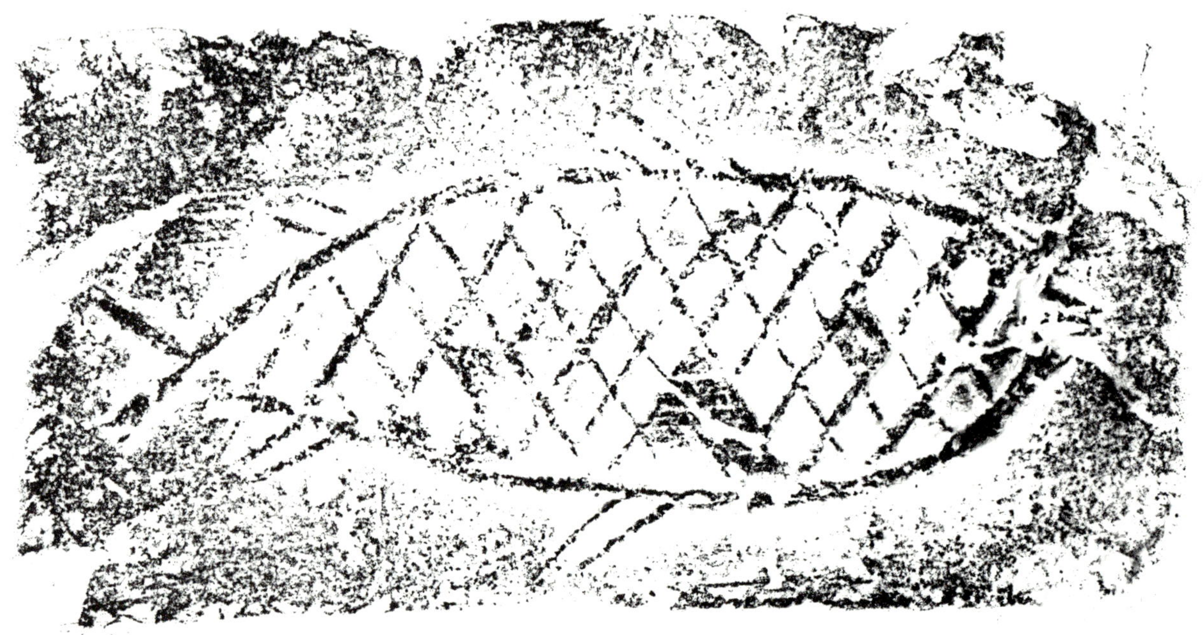

图一九六
砖　纹：鱼
出土地：宝兴
规　格：14.5cm × 7.5cm

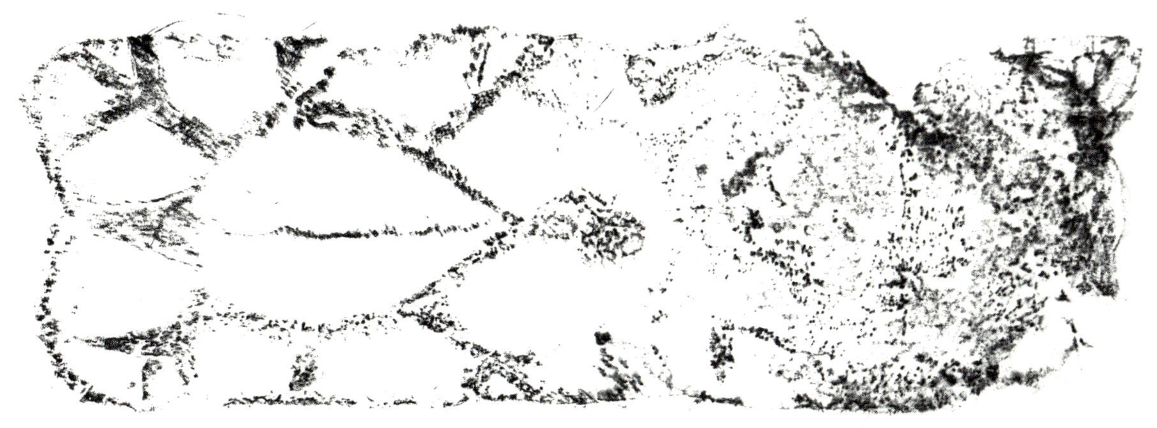

图一九七
砖　纹：寿龟
出土地：宝兴
规　格：19.5cm × 7.5cm

图一九八
砖　纹：四叶、阙楼、兽斗
出土地：宝兴
规　格：20cm × 6.5cm

图一九九
砖　纹：青龙
出土地：宝兴
规　格：21.5cm × 7cm

图二○○
砖　纹：青龙
出土地：宝兴
规　格：23cm × 6cm

图二〇一

砖　纹：符号、楼亭

出土地：宝兴

规　格：21.5cm × 8.5cm

图二〇二
砖　纹：符号、楼亭、群兽
出土地：宝兴
规　格：24.5cm × 9cm

图二〇三
砖　纹：兽斗、符号、阙楼
出土地：宝兴
规　格：28cm × 9cm

图二〇四
砖　纹：牧牛
出土地：宝兴
规　格：29.5cm × 7.5cm

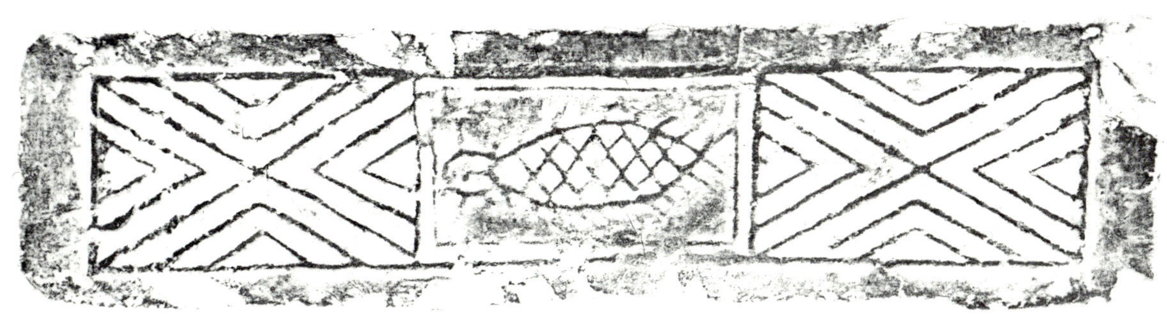

图二〇五
砖　纹：折线、鱼
出土地：宝兴
规　格：31cm × 8cm

图二〇六
砖　纹：寿龟、蟾蜍
出土地：宝兴
规　格：33.5cm × 8.5cm

图二〇七
砖　纹：网格、兽斗、折线
出土地：宝兴
规　格：33.5cm × 9cm

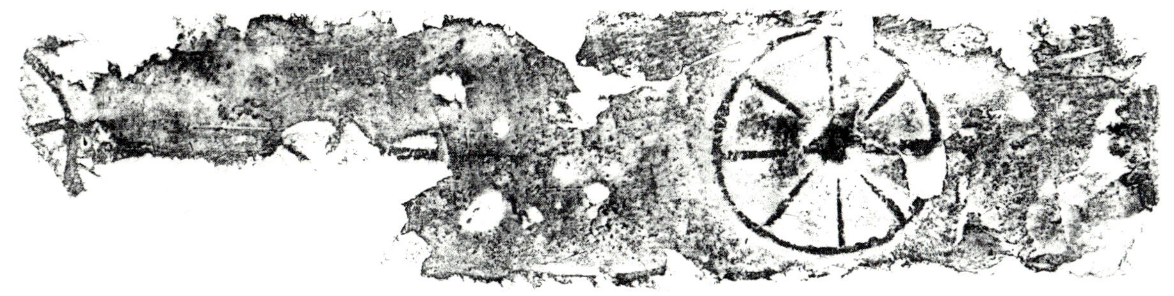

图二〇八
砖　纹：车轮
出土地：宝兴
规　格：34cm × 8.5cm

图二〇九
砖　纹：狩猎
出土地：宝兴
规　格：34.5cm × 10.5cm

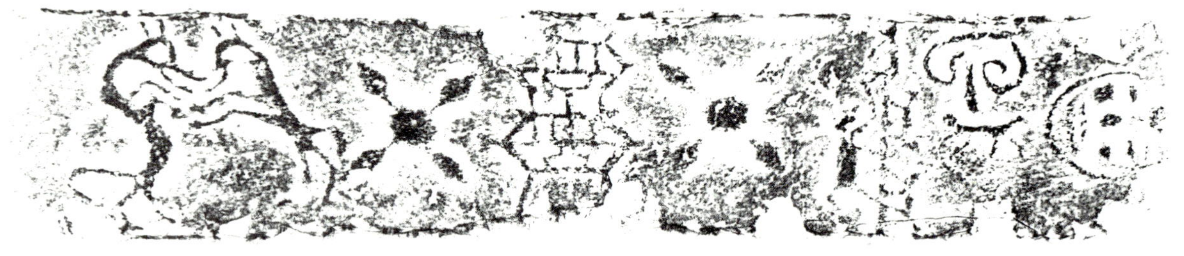

图二一〇
砖　纹：兽斗、四叶、阙楼、
　　　　人面、走狗、卷云
出土地：宝兴
规　格：35.5cm × 7.5cm

图二一一
砖　纹：菊瓣、窗格、折线
出土地：宝兴
规　格：38.5cm × 7.5cm

图二一二
砖　纹：符号、鱼、网格、
　　　　车轮、田□□□
出土地：宝兴
规　格：44.5cm × 6.5cm

图二一三
砖　纹：兽纹、符号
出土地：宝兴
规　格：41.5cm × 9.5cm

图二一四
砖　纹：符号
出土地：宝兴
规　格：44.5cm × 8cm

图二一五
砖　纹：鱼、田□□□、
　　　　车轮、符号
出土地：宝兴
规　格：46cm × 7cm

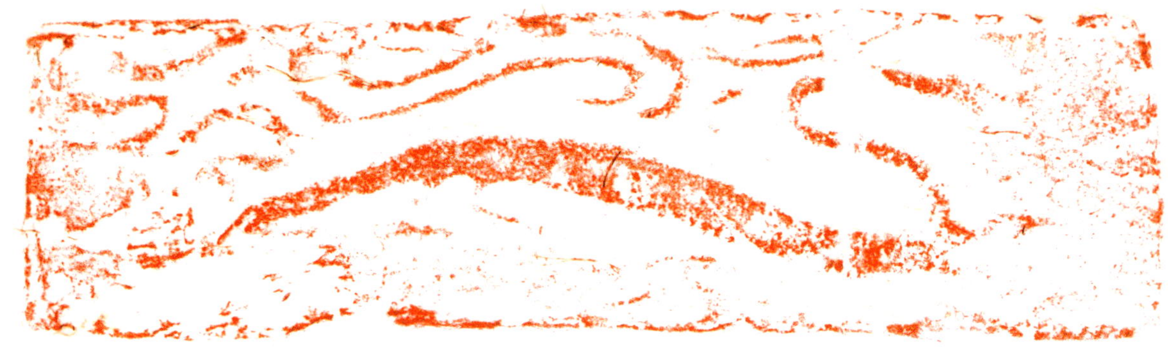

图二一六
砖　纹：青龙
出土地：芦山
规　格：21.5cm × 6.5cm

图二一七
砖　纹：双马
出土地：芦山
规　格：22cm × 8cm

图二一八
砖　纹：双凤
出土地：芦山
规　格：23cm × 7.5cm

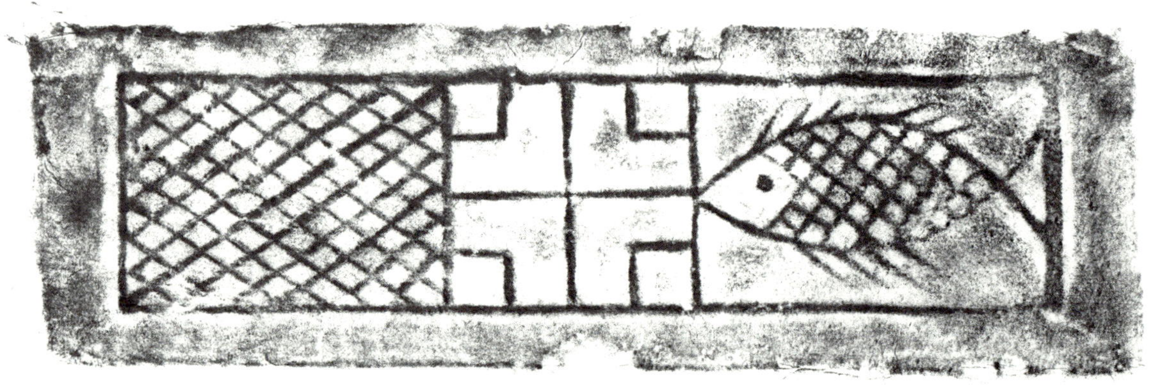

图二一九
砖　纹：网格、窗格、鱼
出土地：芦山
规　格：24cm × 8cm

图二二〇
砖　纹：网格、鸟、钱币
出土地：芦山
规　格：24cm × 8cm

图二二一
砖　纹：车马、窗格
出土地：芦山
规　格：26.5cm × 8cm

图二二二
砖　纹：盘肠结、鱼、飞雁
出土地：芦山
规　格：37cm × 8cm

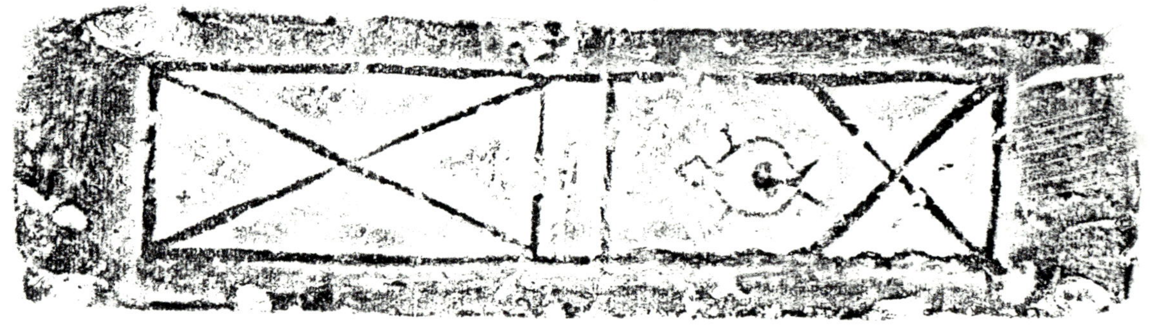

图二二三
砖　纹：窗格、龟
出土地：芦山
规　格：27.2cm × 7.5cm

图二二四
砖　纹：白虎
出土地：芦山
规　格：22cm × 5.5cm

图二二五
砖　纹：青龙
出土地：芦山
规　格：22cm × 6cm

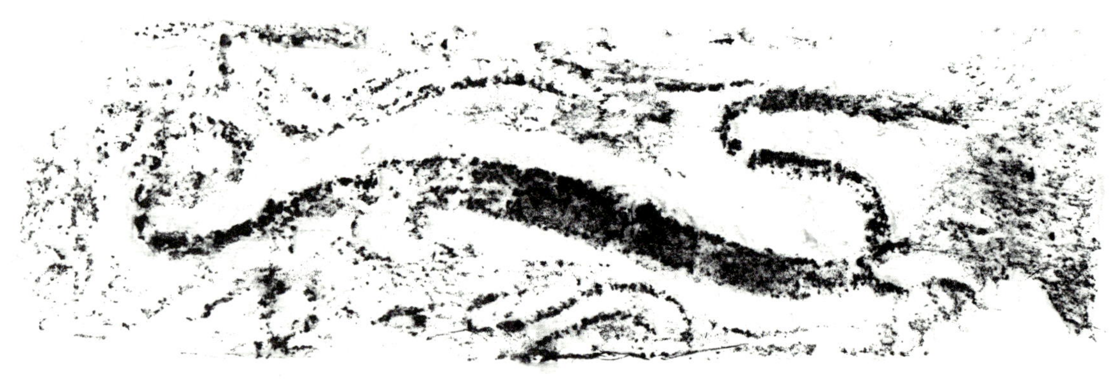

图二二六
砖　纹：青龙
出土地：芦山
规　格：22cm × 7cm

图二二七
砖　纹：折线、马
出土地：芦山
规　格：22cm × 8cm

图二二八

砖　纹：马

出土地：芦山

规　格：43.5cm × 22.5cm

图二二九
砖 纹：鱼、鸟
出土地：芦山
规 格：26cm × 7.5cm

图二三○
砖 纹：日神
出土地：芦山
规 格：23cm × 7cm

图二三一
砖　纹：双凤
出土地：芦山
规　格：26cm × 8cm

图二三二
砖　纹：窗格、凤鸟、乳钉
出土地：汉源
规　格：26.5cm × 7.8cm

图二三三
砖　纹：双鱼
出土地：芦山
规　格：27.2cm × 7.5cm

图二三四
砖　纹：鱼
出土地：芦山
规　格：20.8cm × 7.5cm

图二三五
砖　纹：鱼
出土地：芦山
规　格：25cm × 8cm

图二三六
砖　纹：朱雀
出土地：芦山
规　格：25.5cm × 7cm

雅安出土汉砖拓片

钱币纹砖

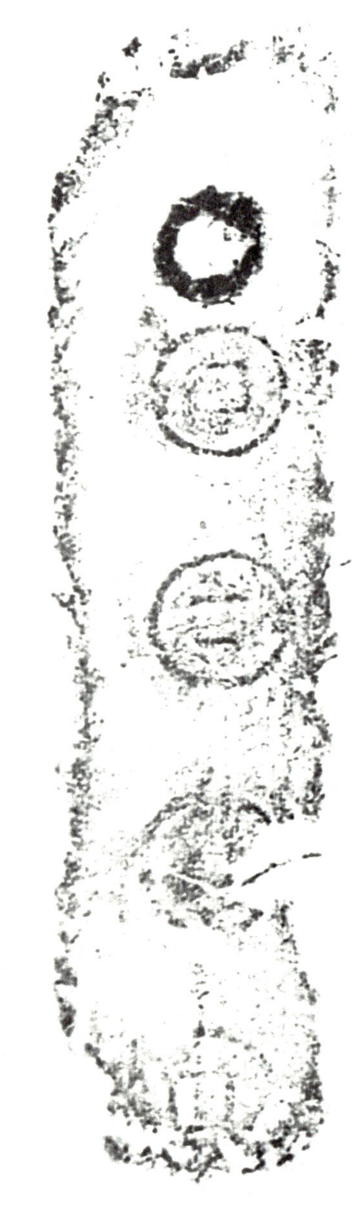

图二三七
砖　纹：钱币
出土地：宝兴
规　格：22cm × 5cm

图二三八
砖　纹：田字、钱币
出土地：宝兴
规　格：23cm × 6cm

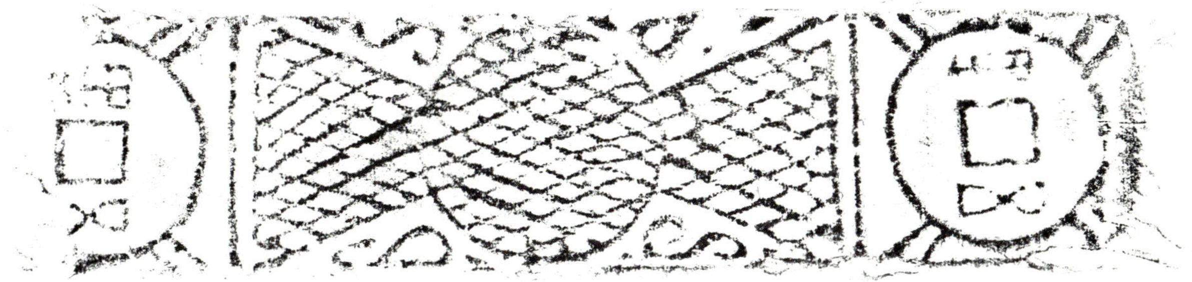

图二三九
砖　纹：钱币
钱　文：五铢，戴胜（暗示西王母）
出土地：汉源
规　格：29cm × 6.5cm

图二四○
砖　纹：钱币
钱　文：大泉五十
出土地：芦山
规　格：23cm × 8.5cm

图二四一
砖　纹：钱币
钱　文：大泉五十
出土地：芦山
规　格：26.5cm × 7.5cm
注：钱文可商榷

图二四二
砖　纹：太阳、钱币
钱　文：大泉五十
出土地：芦山
规　格：23cm × 8cm
注：钱文可商榷

图二四三

砖　纹：钱币、布币

钱　文：疑似大泉五十

布　文：疑似大布黄千

出土地：芦山

规　格：24.8cm × 7.5cm

图二四四
砖　纹：窗纹
出土地：芦山
规　格：28cm × 7.5cm

图二四五
砖　纹：钱币、（背星月）、龟
出土地：芦山
规　格：20.5cm × 6.5cm

图二四六
砖　纹：钱范
出土地：芦山
规　格：23cm × 8cm

图二四七
砖　纹：钱币
出土地：芦山
规　格：23.5cm × 6.5cm

图二四八
砖　纹：钱币、窗格
出土地：芦山
规　格：24cm × 6.5cm

图二四九
砖　纹：钱币、窗格
出土地：芦山
规　格：27.5cm × 8cm

图二五〇
砖　纹：钱币
出土地：芦山
规　格：36cm × 7cm

图二五一
砖　纹：钱范
出土地：芦山
规　格：22cm × 6.5cm

图二五二
砖　纹：钱币
钱　文：五五
出土地：芦山
规　格：20cm × 7cm

图二五三
砖　纹：钱币
钱　文：五铢
出土地：芦山
规　格：24cm × 6.5cm

图二五四
砖　纹：钱币
钱　文：五铢
出土地：芦山
规　格：26cm × 7cm

图二五五
砖　纹：钱币
钱　文：五
出土地：芦山
规　格：25cm × 7cm

图二五六
砖　纹：钱币
钱　文：五
出土地：芦山
规　格：24cm × 7cm

符号砖

图二五七
砖　纹：符号
出土地：汉源
规　格：25cm × 8cm

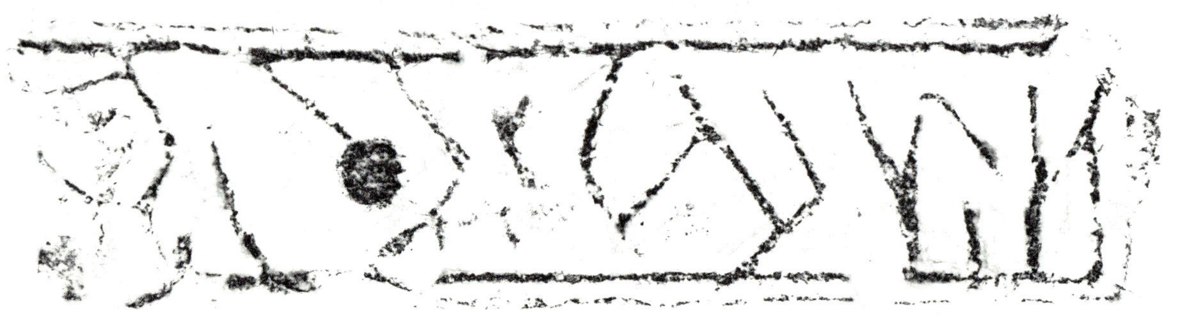

图二五八
砖　纹：符号
出土地：宝兴
规　格：24cm × 6.5cm

图二五九
砖　纹：符号
出土地：宝兴
规　格：25.5cm × 8cm

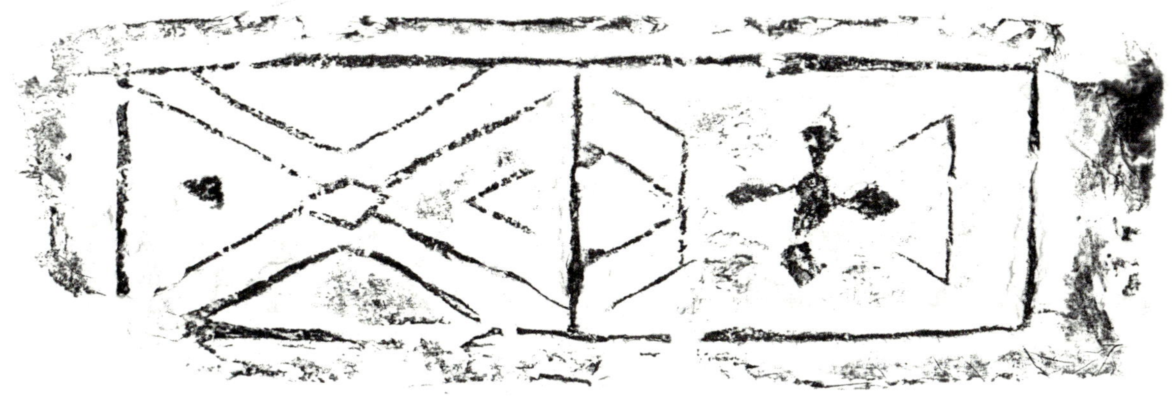

图二六〇
砖　纹：符号
出土地：宝兴
规　格：30cm × 10.5cm

图二六一
砖　纹：符号
出土地：宝兴
规　格：32cm × 6.5cm

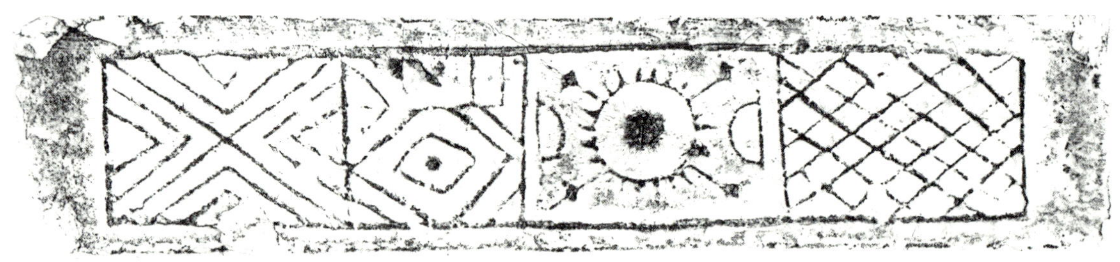

图二六二
砖　纹：符号、太阳
出土地：宝兴
规　格：35.5cm × 8cm

图二六三
砖　纹：符号
出土地：宝兴
规　格：44cm × 6.5cm

图二六四
砖　纹：符号
出土地：汉源
规　格：23cm × 8cm

图二六五
砖　纹：符号
出土地：汉源
规　格：26cm × 7cm

图二六六
砖　纹：符号
出土地：汉源
规　格：22.5cm × 8cm

图二六七
砖　纹：符号
出土地：芦山
规　格：26cm × 7.5cm

图二六八
砖　纹：符号
出土地：芦山
规　格：34cm × 8cm

图二六九
砖　纹：符号
出土地：芦山
规　格：14cm × 7.5cm

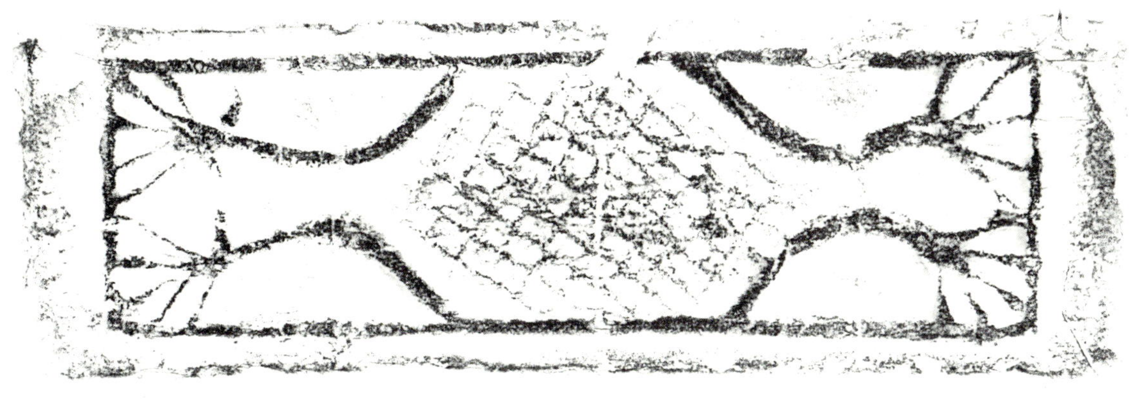

图二七〇
砖　纹：符号
出土地：芦山
规　格：24.5cm × 8.5cm

图二七一
砖　纹：符号
出土地：芦山
规　格：22.5cm × 7cm

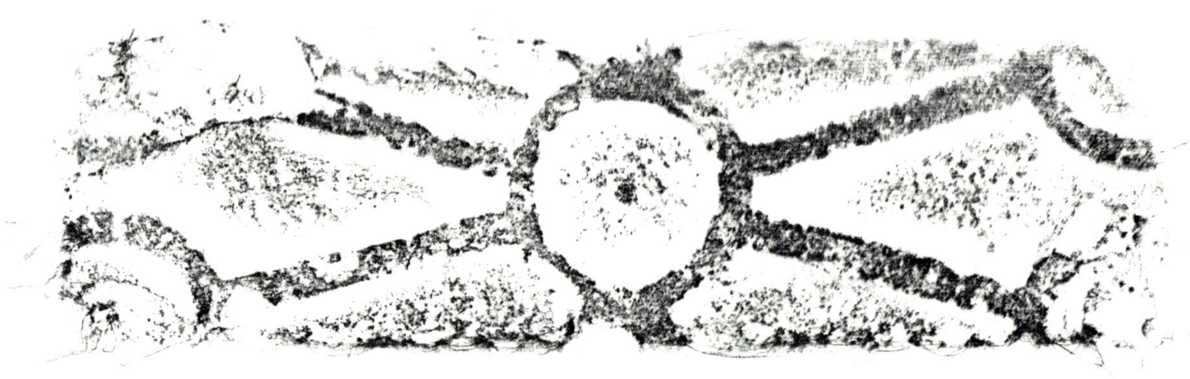

图二七二
砖　纹：钱范
出土地：芦山
规　格：23cm × 7cm

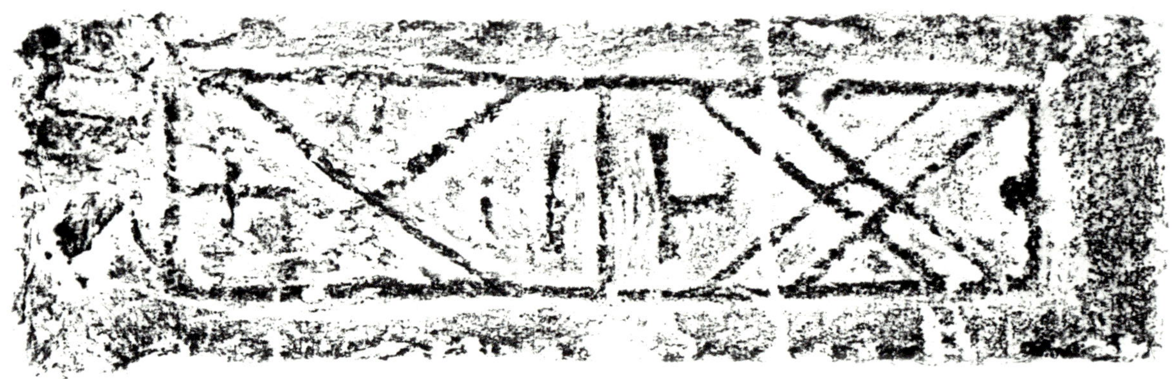

图二七三
砖　纹：符号
出土地：芦山
规　格：23.2cm × 6.5cm

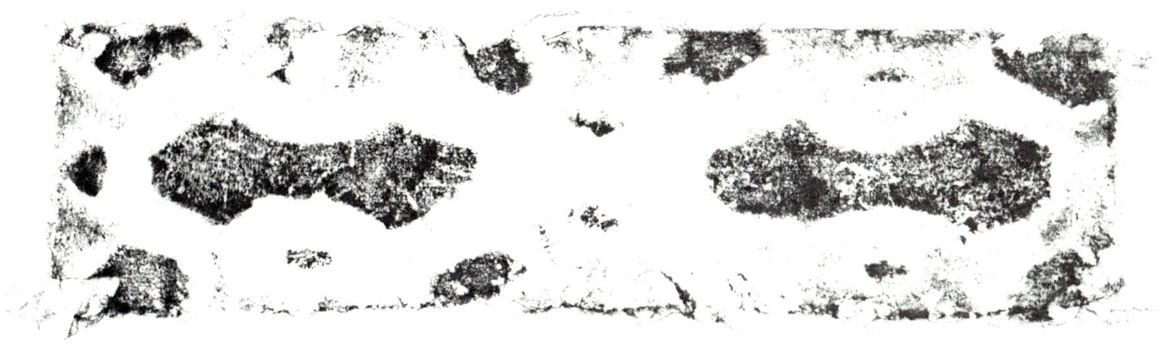

图二七四
砖　纹：符号
出土地：芦山
规　格：24cm × 7cm

图二七五
砖　纹：符号
出土地：芦山
规　格：26cm × 6.5cm

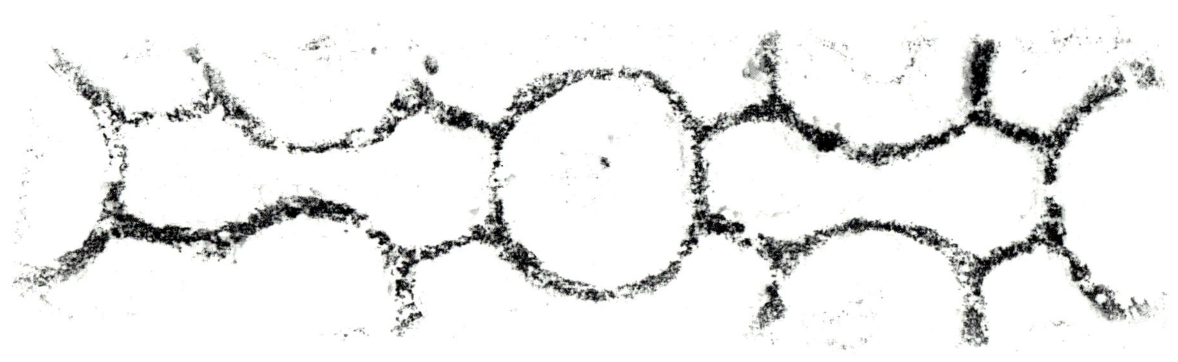

图二七六
砖　纹：符号
出土地：芦山
规　格：26cm × 7.5cm

其他

图二七七

砖　文：子曰

出土地：汉源

规　格：26cm × 7cm

图二七八
砖　文：田土
出土地：芦山
规　格：29cm × 7.5cm

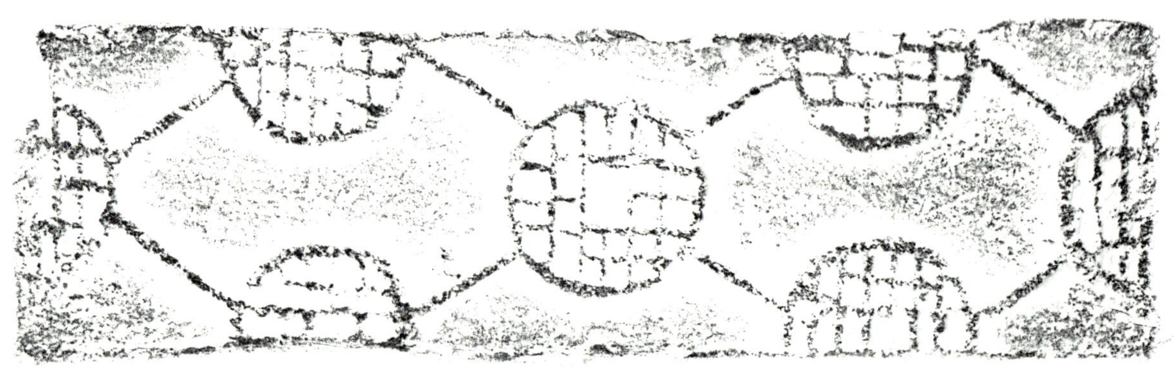

图二七九
砖　纹：连壁
出土地：芦山
规　格：22cm × 7cm

图二八〇
砖　纹：壁纹
出土地：芦山
规　格：21.5cm × 7cm

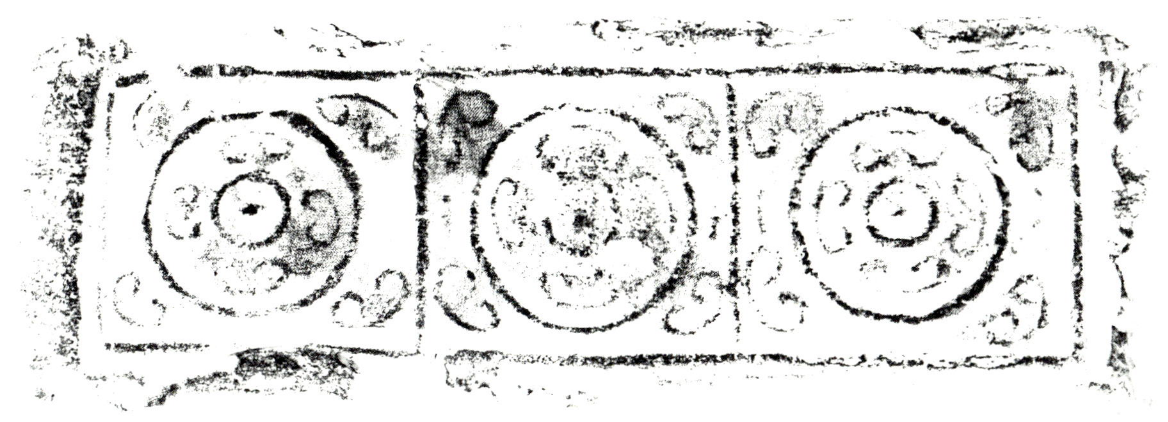

图二八一
砖　纹：壁纹、卷云
出土地：芦山
规　格：22cm × 8cm

图二八二
砖　纹：连壁
出土地：芦山
规　格：23.5cm × 5cm

图二八三
砖　纹：连壁
出土地：芦山
规　格：23.5cm × 6.5cm

图二八四
砖　纹：连壁
出土地：芦山
规　格：25cm × 7.5cm

图二八五
砖　纹：连壁
出土地：芦山
规　格：25cm × 7cm

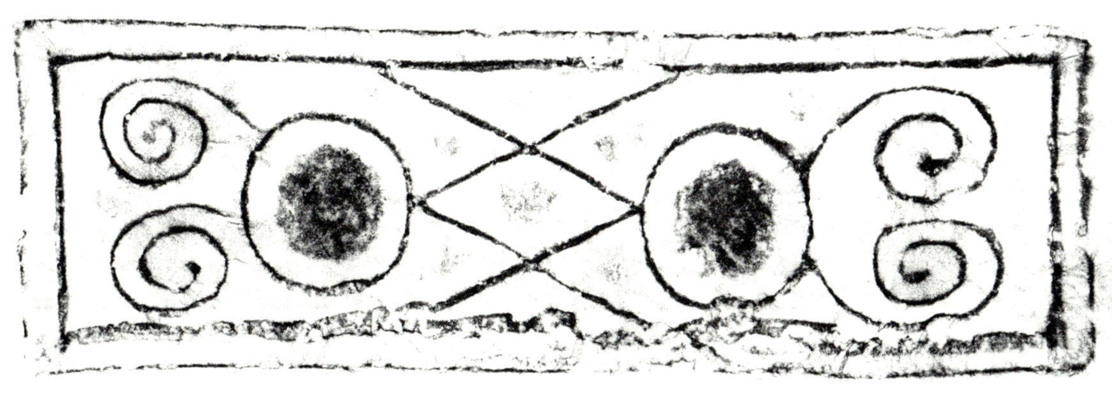

图二八六
砖　纹：蝙蝠
出土地：芦山
规　格：27cm × 9cm

图二八七
砖　纹：云纹
出土地：芦山
规　格：25.5cm × 6.5cm

图二八八
砖　纹：水波
出土地：芦山
规　格：29cm × 7cm

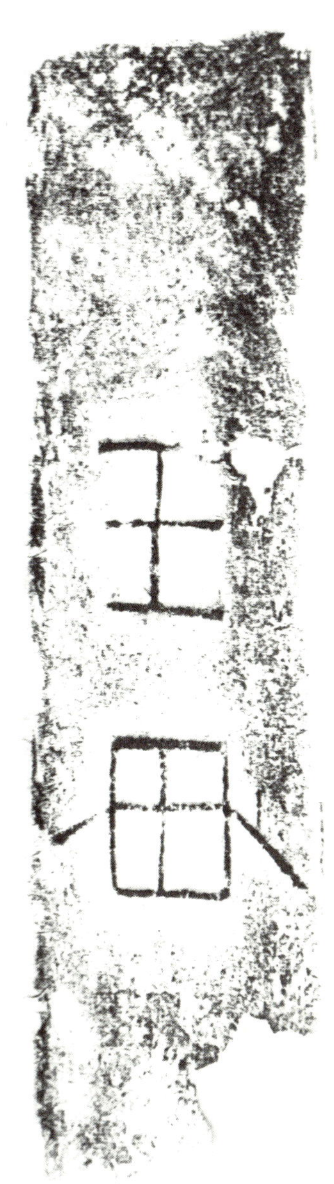

图二八九

砖　文：王母

出土地：雨城

规　格：31cm × 8cm

图二九〇
砖　纹：椭圆形
出土地：荥经
规　格：30.5cm × 6.5cm

附录

何君尊楗阁刻石

汉代摩崖刻石《何君尊楗阁刻石》（也称《何君阁道碑》），刻于公元57年，位于雅安市荥经县烈士乡荥河南岸陡崖峭壁上。刻石高0.65米，上宽0.73米，下宽0.76米，共52字。刻文："蜀郡大守平陵何君，遣掾临邛舒鲔将徒治道，造尊楗阁，袤五十五丈，用功千一百九十八日，建武中元二年六月就，道史任云、陈春主。"

高颐墓、阙及石刻

高颐墓、阙及石刻位于雅安市雨城区姚桥镇汉碑村，建于东汉建安十四年（公元209年）。

高颐阙共有东西二阙，相距13米，均为子母阙。西阙母阙十三层，子阙七层，重檐五脊式仿木结构石质建筑，由基、身、楼、顶四部分组成。母阙高6米，阙身宽1.6米，子阙高3.39米。阙基四周雕刻蜀柱和大斗，阙身有蜀柱和额枋，上有车马出行图，贯穿于子、母阙身，车前伍伯、骑吹、骑吏、主记、主簿等。从下向上第一层，雕大栌斗数个，承托着三层纵横相叠的枋头。南北两面交叉枋头的正中各有一饕餮浮雕，南面口衔鱼，北面口衔蛇。转角处的大斗下均雕一角神，背负楼部。第二层刻十朵一斗二升斗拱，承托四周的枋，斗拱之间浮雕内容有“博浪沙椎秦王”“高祖斩蛇”“季札挂剑”“师旷鼓琴”等历史故事，以及神话传说中的九尾狐、三足乌、黄帝遗玄珠等。第三层四周为人兽相斗的图案花纹。第四层上大下小，四面向外倾斜，浮雕有“神荼”“郁垒”“吴姬天门”“天马”“飞黄”及龙、虎等图像。第五层的四周雕成枋头24个，枋头上阴刻隶书铭文“汉故益州太守阴平都尉武阳令北府丞举孝廉高君字贯（方）”。阙顶正中脊部圆雕一鲲鹏。东阙残，只剩基和阙身，阙顶为后世仿制。阙前有雌、雄石兽各一，或称“天禄”“辟邪”，双肩有翼，昂首前趋，形态生动劲健，气势磅礴。

樊敏阙

樊敏阙，建于东汉建安十年（公元205年）。通高5.1米，宽2.25米，壁厚0.92米，由座、壁、斗拱、檐、顶五部分组成，为红砂石质。顶脊正中雕镂一雄鹰，嘴含绶带。阙檐为汉代出檐式筒瓦建筑造型。檐下斗拱层上有浅浮雕组图，现存浮雕为云南哀牢夷“龙生十子”神话图像。四角刻有力士举双臂托负，显示出力能擎天的雄伟气概。主阙左侧有耳阙，斗拱层正中尚存一龙虎座的西王母图像，其余造型与主阙近似。全阙气势磅礴，造型雄浑，人物形态生动，构图协调，展现了汉代精湛的石刻技艺。

樊敏碑

樊敏碑，高2.93米，宽1.2米，厚0.28米。碑首为圭首形，碑身下丰上削，嵌峙于巨石龟背上。上端圭首浮雕为双螭交曲环拱形，穿上碑额镌刻“汉故领校巴郡太守樊府君碑”十二字，双行立排，书体为缪篆，碑身正面碑文共558字，分列22行，均为八分隶书；字迹至今可读。碑阴圭首仍刻双螭，与正面同式，但拱下额部无字，刻一朱雀。碑阴一段镌刻文字为北宋芦山县令丘常书跋，记叙他发现和扶植樊敏碑的经过；碑阴下段镌刻为南宋县令程勤书跋，仍为记叙其发现和扶植樊敏碑经过。

王晖石棺

王晖石棺位于芦山县沫东镇先锋村，为东汉上计史王晖墓棺，建于东汉建安十七年（公元212年）。棺体为长方匣式，棺身由整块红砂石凿成。石棺通长2.5米，宽0.83米，高1.01米。棺体上端（前和）刻双门，左门紧闭，刻墓志汉隶35字：“故上计史王晖伯昭以建安十六岁在辛卯九月下旬卒其十七年六月甲戌葬呜呼哀哉。”右门半掩，门缝中刻一人微露半身，似为女性，头戴步摇，衣带飘拂，右腿胫下着甲（或鳞片），右手抚左门，作候望之态。棺盖中高边低，纵向刻沟渠七条，断面呈波弧状。盖首浮雕一兽面（饕餮），头有双角，鼓睛张口露齿，左右有獠牙一对，口含圆环，双肩有翅，翅基部亦有三联圆弧纹，双手抓环，其态狰狞，踞于上端之上。下端（后和）浮雕龟蛇图（玄武），蛇缠龟身，蛇尾与龟尾相交，蛇前躯弯环回首，与龟首作亲昵之状。左右壁各浮雕一腾飞状神兽——虬、螭，弓身翘尾，四爪凌空，肩均有翅。右壁为螭，兽头虎面双耳无角，体有环节，有腹鳞而无背鳍，翅基部无联弧纹。左壁为虬，兽头似龙有双角，口衔绶带，背部有鳍，体光洁，仅有腹鳞，翅基部有三联圆弧纹。1942年，郭沫若得到王晖石棺上端、左壁及下端图像拓片，深为震撼，即赋诗二首，分别题写在青龙图和玄武图拓片上，极力赞誉王晖石棺的雕刻艺术，并对画像内涵及其制作者予以推断。

汉代石兽

芦山有11具汉代石兽，占全国总数的一半以上。石兽造型生动夸张，气势磅礴，或足踏蟾蜍、小兽，或肩生双翼，均作急步前行状，充分体现了汉代艺术家们丰富的想象力和创造力。其中，杨君石狮二具，为红砂石圆雕，雄雌配对，高1.7米，长2.3米，宽0.66米。石狮造型方中有圆，柔中带刚，静中有动，简洁大方，四肢粗壮凝重，作昂首张口挺胸行进状，姿态雄壮，气宇轩昂，饱含着充沛的生命力。

石刻摇钱树座

出土于芦山的石刻摇钱树座，墓室砖壁嵌有铭文砖：“熹平三年造”（公元174年）。黄砂石雕琢，全座呈圆锥形，高0.45米，底部直径0.35米，顶端有一直径为0.06米、深约0.2米的圆孔。

后记

拓片是把器物上的文字图案印在纸上，能真实反映原物的大小长短、线条粗细深浅和花纹的阴阳明暗。

为了让人们更好地了解雅安汉代画像砖及其相关文化的情况，宣传雅安的汉代文化，雅安市政协组织雅安市政协文化文史学习委、雅安市政协研究室、雅安市博物馆，对雅安的汉代画像砖及拓片进行了搜集、整理、研究，编印集成《瓦甓道在——雅安出土汉砖拓片》一书。

经过各方努力搜集，最后得到汉代画像砖拓片1300余幅，除个别尺寸过大有缩小外，均为实物拓片原样，这其中包含颇具雅安特色的纪年砖、画像砖、符号砖，还有一些吉语砖和钱币纹砖等等，我们从中挑选出290幅精品呈现给大家，以期能对雅安的汉代文物和汉代文化的研究、保护和利用有所裨益。

文物考古书籍强调材料真实，考释有据。然而由于我们工作经验有限和研究上的不足，难免会出现纰漏差错，虽然尽了最大努力，但很难不产生错误，敬请专家、学者和广大读者批评指正。

本书在征编过程中，原四川省文化厅文物处处长、中国汉画学会副会长、中国文物学会理事高文给予了大量的帮助和指导。本书搜集和制作拓片的工作也得到了政协芦山县委员会、雅安市博物馆、芦山县博物馆、汉源县博物馆、荥经县博物馆、宝兴县文管所，以及芦山县四川省工艺美术大师吴坤的倾力支持，我们在芦山县档案馆还查到了原芦山县文化馆傅良柱的汉砖拓片，使本书能够比较全面地反映雅安汉代画像砖的真实情况和水平。在此，一并表示感谢！

编　者

2019年10月